EDVARD MUNCH
I
NASJONALGALLERIET

Foto: Jacques Lathion, Nasjonalgalleriet
Layout: Svein Nord
Grafisk produksjon: Nord 4 Bokverksted/Grafisk Hus, Bergen
Forsideillustrasjon: E. Munch: *Selvportrett med sigarett,* 1895, 110,5 × 85,5 cm. NG.inv.nr. 470

ISBN 82-90744-08-0

EDVARD MUNCH
I
NASJONALGALLERIET

Nasjonalgalleriet
Oslo 1989

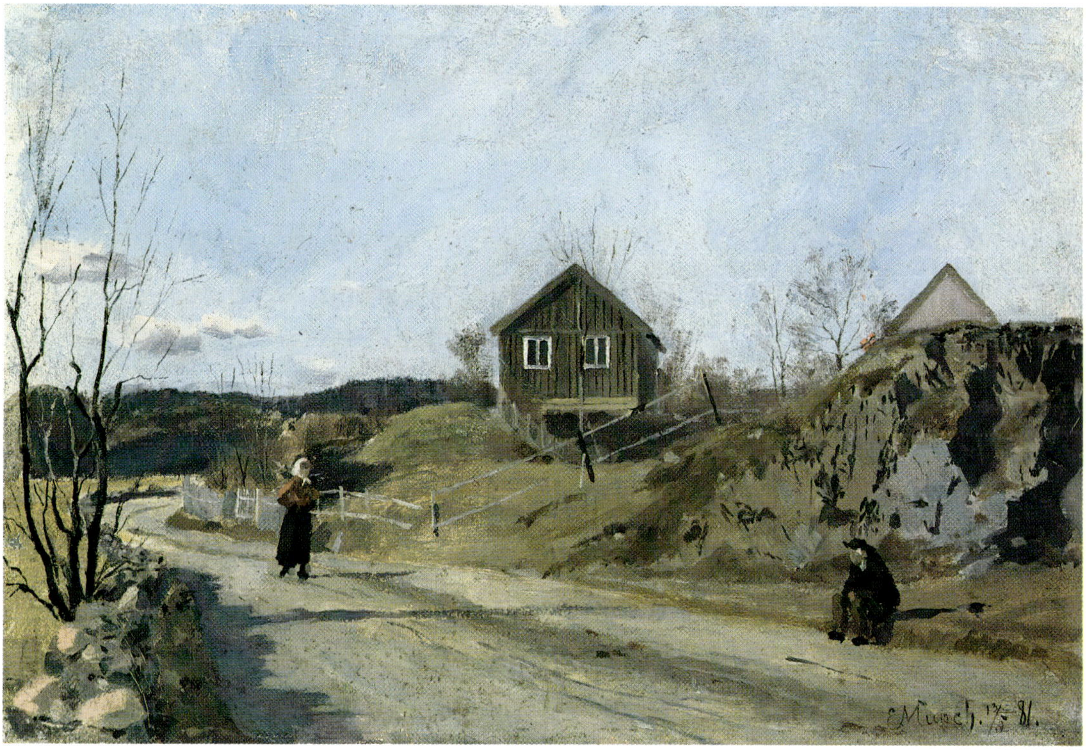

FRA MARIDALEN, 1881; 20 × 30 cm.
From Maridalen. Vue de Maridalen. Aus Maridalen.

NASJONALGALLERIETS MUNCH-SAMLING

En historikk

Nasjonalgalleriet i Oslo eier en av de betydeligste samlinger av Edvard Munchs (1863–1944) malerier fra hans unge år og frem til 1920. 58 arbeider, hvorav to større akvareller, har i årenes løp, dels ved kjøp og dels ved gaver, kommet i museets eie. Samlingen omfatter i dag 13 malerier fra kunstnerens produksjon i 1880-årene; 26 malerier – hvorav de fleste helt sentrale verk – fra 1890-årene og 19 arbeider fra dette århundre. Hovedmengden av sin produksjon fra de senere år testamenterte Munch til Oslo Kommune, og disse bildene er i dag i Munch-museet.

Nasjonalgalleriet var den første offentlige samling som kjøpte av Munch. Allerede i 1890-årene ble de første Munch-malerier innlemmet i samlingen ved enkeltkjøp og gaver, flere ble innkjøpt etter at Jens Thiis i 1909 tiltrådte sin stilling som direktør for museet. Med de knappe innkjøpsmidler Nasjonalgalleriet gjennom tidene har hatt til rådighet ville det imidlertid ikke vært mulig å bygge opp en slik Munch-samling som den Galleriet har i dag uten ved hjelp av gaver. Ingen annen norsk kunstner har så rundhåndet fått sine verk skjenket til Nasjonalgalleriet som Edvard Munch. Av samlingens 58 malerier er 36 gaver. De største donasjonene er gitt museet av Olaf Schou i årene 1909 til 1915 og av Charlotte og Christian Mustad i 1937 og ved testamente av 1959, innlemmet i samlingen i 1970.

Nasjonalgalleriet ervervet sitt første Munch-maleri på Høstutstillingen i 1891, da *Natt i Nizza* (ill. s. 70) ble kjøpt for 200 kroner. Dette stemningsfulle nattbildet hadde Munch malt under sitt opphold i Frankrike samme år. Etter en tid i Paris hadde kunstneren av helbredshensyn forflyttet seg til denne sydfranske byen, hvor naturen og omgivelsene inspirerte ham til en rekke fine arbeider, hvoriblant Galleriets lille bilde. I ettertid kan kjøpet kanskje virke som noe forsiktig, men i sin tid var det et meget radikalt kjøp, og Nasjonalgalleriets erververvelse av *Natt i Nizza* innebar en stor anerkjennelse av Munchs kunst. Året før, på Høstutstillingen 1890, hadde forøvrig Nasjonalgalleriet markert seg ved et annet dristig kjøp, nemlig Claude Monets maleri *Regnvær, Etretat* fra 1886. Det var det første impresjonistiske maleri Monet solgte til et offentlig museum.

Neste gang et Munch-kjøp kom på tale for Galleriet var to år senere da maleren Gerhard Munthe i oktober 1893 foreslo for Nasjonalgalleriets direksjon at museet skulle erverve maleriet *Stormen* utført samme år (nå i Museum of Modern Art, New York), men forslaget vant ikke bifall, og det varte ytterligere to år før Galleriet foretok et nytt kjøp fra kunstneren. Høsten 1895 tilbød Munch museet følgende malerier: *Vår, Det syke barn, Selvportrett med sigarett* og *Soloppgang*. Da saken ble tatt opp, foreslo Gerhard Munthe innkjøp av *Selvportrett med sigarett* fra 1895 (ill. s. 82) og Andreas Aubert *Vår* fra 1889. Det ble kun votert over selvportrettet, som ble besluttet innkjøpt. Maleriet hadde nettopp vært utstilt på Munchs skandaleutstilling hos Blomqvist, hvor det var et av de arbeider som i debatten rundt utstillingen ble trukket frem for å vise det «abnorme» i hans kunst. I *Selvportrett med sigarett*, malt i Berlin samme år, står vi overfor et portrett av en maler som har gjennomlevd meget og med nye erfaringer bak seg. Da han malte bildet, hadde han utformet sine viktigste «Livsfrise»-motiver og vist sin usedvanlige og sterkt personlige kunst for et kritisk publikum. Av de fleste ble hans kunst sett på som anarkistisk, i den forstand at den fullstendig brøt med gjeldende normer og regler, for de få var han et geni. I 1895, samme år som Galleriet kjøpte *Selvportrett med sigarett*, skjenket dessuten statsrevisor Sørensen museet portrettet av *Maleren Jørgen Sørensen* fra 1885 (ill. s. 59), et annet intenst kunstnerportrett, typisk for Munchs uttrykksform ved midten av 1880-årene.

På denne tiden var det vanlig at kunstnerne selv tilbød sine arbeider til Nasjonalgalleriet, og direksjonen tok så stilling til de innleverte verk. Høsten 1897 tilbød Munch igjen malerier til museet. Denne gang dreiet det seg om to «Dameportretter» samt portretter av Hans Jæger og Gunnar Heiberg. Man voterte kun over portrettet av *Forfatteren Hans Jæger* fra 1889 (ill. s. 65), som ble besluttet innkjøpt, og over portrettet av *Kunstnerens søster Inger* fra 1892, som derimot ikke ble innkjøpt. Med denne ervervelsen kom et av Munchs betydeligste kunstnerportretter fra slutten av 1880-årene i museets eie. Bildet av Hans Jæger hadde vært utstilt på Munchs første separatutstilling i Studentersamfundet i Kristiania samme år det ble malt. I sin ellers blandede kritikk av denne utstillingen hadde Andreas

Aubert fremhevet Jæger-portrettet som noe av det mest overbevisende fra Munchs hånd. I dette maleriet har Munch gitt en inntrengende tolkning av sin venn, den sentrale skikkelsen i 1880-årenes Kristiania-bohem, som på det tidspunkt da det ble malt, allerede var en merket mann.

Før jul 1898 tilbød Munch atter Nasjonalgalleriet sitt store maleri *Vår* fra 1889 (ill. s. 66) og helfigursportrettet av *Kunstnerens søster Inger* fra 1892 (ill. s. 74). Denne gang ble begge arbeidene besluttet innkjøpt, og museet utvidet dermed sin Munch-samling med to meget betydningsfulle verk. Også *Vår* hadde vært utstilt på Munchs første separatutstilling i 1889, og det var trolig medvirkende til at han den gang fikk det statsstipendium som muliggjorde et tre-årig studieopphold i Paris (1889-92). I *Vår* er motivet fra *Det syke barn* fra 1885-86 malt mer i overensstemmelse med naturalismens konvensjoner, og mange mente den gang at det også var håp for Munch! *Kunstnerens søster Inger* representerte også en viktig tilvekst. Maleriet hadde i sin tid vært utstilt på Munchs store skandaleutstilling i Verein Berliner Künstler i 1892, og ble til å begynne med utstilt med tittelen «Harmoni i sort og violett». Gjennom hele Munchs produksjon, helt fra 1885 da han malte sin venn og kollega Karl Gustav Jensen-Hjell, kan man følge en lang rekke helfigurs-portretter i vekslende stiluttrykk. I maleriet av søsteren Inger er kunstnerens 90-års-idealer i portrettfremstillingen allerede klart formulert. Det stilistiske utgangspunkt er den franske syntetisme, som gjennom forenkling og stilisering av form, flater, linjer og farger søker en større intensitet i uttrykket. I diskusjonene rundt kjøpet av disse to arbeidene ble det spesielt referert til *Vårs* dårlige tekniske tilstand. Det ble til slutt enstemmig vedtatt at i kjøpesummen for disse to maleriene (tilsammen 3.500 kroner) skulle rammeomkostninger til begge bilder inngå, mens Galleriet skulle påta seg restaureringen. Høsten 1899 ba Munch Galleriet om å få refundert rammeomkostningene (på kroner 140,80!!), og etter forslag fra Erik Werenskiold ble det besluttet å imøtekomme hans anmodning, men på betingelse av at denne sum skulle komme til fratrekk ved et eventuelt kjøp fra kunstneren i noenlunde nær fremtid.

Som en følge av denne beslutning fikk Andreas Aubert våren 1901 innbrakt tre landskapsmalerier av Munch til besiktigelse. Man fattet først ingen beslutning, men Aubert ble bemyndiget til å forhandle med Munch om prisene, dog uten at direksjonen anså seg bundet til kjøp. Resultatet av disse forhandlinger ble at Nasjonalgalleriet kjøpte maleriet *Vinter* (ill. s. 93), malt på Nordstrand 1899. Etter kunstnerens store utstilling i Hollændergaarden (Stortingsgaten 14) samme høst ble man i direksjonen enige om å be

Munch sende følgende malerier til Nasjonalgalleriet for ytterligere besiktigelse etter endt utstilling: *Hvit natt, Skrik, Aften på Karl Johan, Dagen derpå, Måneskinn, Pikene på bryggen* og et «længdemotiv av samme art» som sistnevnte. 25. oktober ble maleriene tatt i øyesyn, men behandlingen ble utsatt. A. Aubert og Th. Holmboe ble bemyndiget til å forhandle med Munch om prisene og om eventuelt bytte med ett eller flere tidligere innkjøpte malerier. Noen dager senere kunne Aubert, som hadde ført forhandlingene med Munch, meddele at kunstneren var villig til å selge museet *Hvit natt* og *Pikene på bryggen*. Han hadde også gått med på ikke å ta med seg *Skrik* til utlandet, men gi Nasjonalgalleriet eller Olaf Schou forkjøpsrett til det. Innkjøp av *Hvit natt* fra 1901 med motiv fra Ljan (ill. s. 95) ble det eneste resultat av drøftelsene denne gang.

Med *Hvit natt* og *Vinter* ervervet Nasjonalgalleriet to landskapsmalerier som representerte nyere uttrykk for kunstnerens naturopplevelser enn hans øvrige arbeider i museet. En lang rekke vinterlandskap malt omkring århundreskiftet indikerer tydelig Munchs streben etter en mer rytmisk og lyrisk tone i flater, farger og linjer. I malerier som *Hvit natt* og *Vinter* finnes lite av det nervøse engasjement og den rastløse eksperimentering som preger hans tidligere arbeider fra 90-årene, og man opplever i dag disse maleriene som klassisk rolige og kontemplerende arbeider.

Etter 1901 gikk det flere år før nye arbeider av Munch ble innlemmet i Nasjonalgalleriets samlinger. I 1904 hadde riktignok Gustav Vigeland foreslått innkjøp av et «Måneskinn», men forslaget vant ikke bifall. Først i 1909, i Thiis' første virkeår som direktør for Galleriet, ble imidlertid samlingen betraktelig øket. Thiis foretok dette år det største Munch-kjøp som noensinne er gjort av museet, samtidig som det mottok den første store donasjon fra mesénen og samleren Olaf Schou. Tilsammen ble 12 malerier av Munch innlemmet i museet.

I mars dette år hadde Munch en stor utstilling av eldre og nyere malerier hos Blomqvist. Konkurransen om bildene var stor, og Thiis måtte handle raskt. Bergenssamleren Rasmus Meyer var en av hans største konkurrenter hva gjaldt kjøp fra utstillingen. Nasjonalgalleriets innkjøpsbevilgninger var blitt betraktelig redusert i årene 1904–07 under reisningen av museets sydfløy. En av de viktigste oppgaver Thiis sto overfor var å få budsjettet forhøyet. Det lå fremdeles i 1908 under det som det hadde vært i årene etter 1900. I 1909 hadde direktøren kun 9.000 kroner postert til innkjøp av norsk kunst, samtidig som prisene steg. Thiis foreslo derfor overfor Departementet å anvende 10.000 kroner fra Houens fond, som Departementet disponerte, til formålet, samtidig som han sikret seg Munchs tilsagn om fem hovedverk for denne sum hvis det kom til snarlig avgjørelse. Departementet stilte seg imøtekommende, men forlangte at kjøpene skulle skje i samråd med en komité bestående av kunstnere. Etter nyordningen av Galleriets administrasjon hadde man ennå ikke funnet frem til en endelig løsning med hensyn til innkjøpskomitéer, da organisasjonsplanen fremdeles ble diskutert mellom Bildende Kunstneres Styre og Departementet. Det var imidlertid sterke krefter som stilte seg i veien for den foreslåtte fremgangsmåte, blant annet fant Bildende Kunstneres Styre med Christian Krohg i spissen ordningen uakseptabel av formelle grunner, og i kunstnerkretser var det flere som ikke unte Munch den anerkjennelse et så stort kjøp innebar. Departementet hadde valget mellom å handle på egen hånd, etter en ansvarlig direktørs råd, eller å gå glipp av kjøpet. Heldigvis valgte Departementet det første og oppnevnte en innkjøpskomité tidsnok til at Munch holdt sitt løfte.

Thiis hadde foreslått kjøp av *Stjernenatt, Vampyr, Aske, Pubertet* og *Franskmannen.* Komitéens endelige valg ble *Dagen derpå* (ill. s. 81) og *Pubertet* (ill. s. 80), begge malt i Berlin i 1894-95 som nye versjoner av motiv Munch allerede hadde malt i 1880-årene; *Aske* fra 1894 (ill. s. 79); *Franskmannen* fra 1901 (?) (ill. s. 96) og *På verandaen* fra 1902 (ill. s. 98). For sitt museum sikret Jens Thiis ved dette kjøp 90-års utgaver av kunstnerens hovedverk *Pubertet* og *Dagen derpå*, samt *Aske* som hadde en helt sentral plass blant de motiver som omhandlet kjærlighetens oppblomstring og død, da Munch i 1902 for første gang samlet stilte ut sin «Livsfrise» på Berliner Secession. Alle tre malerier må betraktes som gode eksempler på kunstnerens fullt utviklede symbolistiske formspråk i 90-årene. *Franskmannen* (Marcel Archinard) supplerte på en utmerket måte de portretter som allerede var i samlingen, og det sjarmerende maleriet med de to ryggvendte jentene *På verandaen* i Åsgårdstrand representerte noe samlingen ikke hadde, et av kunstnerens fargesterke bilder utført etter århundreskiftet. Sistnevnte maleri hadde vært utstilt på Salon des Indépendents i Paris i 1903 med tittelen «La Pluie» (Regnvær).

Innkjøpet fra utstillingen hos Blomqvist var det største kjøp av en enkelt kunstner som museet til da hadde foretatt. Jens Thiis fikk megen kritikk for sitt stor-kjøp og så seg nødt til å gi en redegjørelse etter alle angrepene i pressen (se *Verdens Gang* 31.3. og 2.4. 1909).

Omtrent samtidig med dette store kjøp mottok Galleriet et enestående tilbud fra mesénen og samleren Olaf Schou. Det hadde lenge vært kjent i kunstnerkretser at Schou en gang ville skjenke sin store samling norsk kunst til Nasjonalgalleriet, og han valgte et meget gunstig tidspunkt for sitt tilbud. Thiis arbeidet denne våren med omordning og nymontering av samlingene, og Schou tilbød ham å velge ut fra sin rikholdige samling det direktøren mente hadde interesse for museet. Blant de 116 kunstverk Thiis valgte fra Schou var følgende syv malerier av Munch: *Det syke barn*, malt i Paris 1896 (i 1931 ble det foretatt et bytte slik at museet fikk førsteutgaven av motivet fra 1885-86. Se T. Skedsmo «Tautrekking om Det syke barn», *Kunst og Kultur*, Oslo 1985, s. 184-195) (ill. s. 61); *Månenatt i Nizza* fra 1891 (ill. s. 71); *Madonna* fra 1894-95 (ill. s. 77); *Pike som vasker seg*, malt i Paris i 1896 (ill. s. 88); *Mor og datter*, ant. malt i Åsgårdstrand 1897 (ill. s. 90); *Pikene på bryggen*, ca. 1909 (ill. s. 97) og *Portrettstudie* fra 1887 (ill. s. 64)

Med kjøpet fra Blomqvist og donasjonen fra Olaf Schou kunne Nasjonalgalleriet nå gi en meget tilfredsstillende presentasjon av Munchs kunst ved en rekke av hans hovedverk. Gjennom Schous gave ble museets «Livsfrise» utvidet med det sentrale motiv *Madonna*, og annenutgaven av *Det syke barn* var en like verdifull tilvekst. *Pikene på bryggen* ga samlingen av Munchs kunst fra årene rundt århundreskiftet langt større tyngde og viste en annen side av kunstnerens uttrykk enn vinterlandskapet *Hvit natt* fra samme tid. Dekorative intensjoner ligger også i *Pikene på bryggen*, denne lyriske sommernattsstemning hvor Munch forener formal beherskelse med poetisk naturfølelse. *Månenatt i Nizza* danner en fin pendant til galleriets andre lille nattbilde, malt under samme opphold i Syd-Frankrike, og *Mor og datter* indikerer de nye impulser og inntrykk Munch mottok i løpet av Parisoppholdet 1896-97. Den forenkling og dekorative virkning vi møter i sistnevnte maleri kan sees i sammenheng med Munchs arbeid med grafiske teknikker, særlig tresnittene, under dette oppholdet. Det sjarmerende maleriet *Pike som vasker seg*, malt i Paris i 1896, og det lille *Portrettstudie* av modellen Betzy Nielsen, som Munch også hadde brukt i *Det syke barn*, var likeledes verdifulle tilskudd til samlingen.

Året etter mottok Nasjonalgalleriet ytterligere tre helt sentrale arbeider av Munch i gave fra Olaf Schou. Det var *Skrik* fra 1893 (ill. s. 76), *Døden i sykeværelset*, antagelig malt i 1893 (ill. s. 78) og *Livets dans* datert 1899-1900 (ill. s. 91), og med denne tilvekst kunne museet presentere kunstnerens arbeider fra 1890-årene som ingen annen samling. De tre maleriene kjøpte Schou direkte fra Munchs utstilling i Dioramalokalet. Thiis opererte som den ivrige formidler mellom kunstneren og samleren og bidro sterkt til at Schou fikk kjøpt disse hovedverk, som han ga direkte til museet. *Skrik* hadde som tidligere nevnt vært reservert for samleren eller museet fra 1901.

Den ekspressive fargebruk og de bølgende linjene og formene gjør maleriet til Munchs sterkeste uttrykk for angst. Angstmotivene hørte også «Livsfrisen» til. Som i de fleste av «Livsfrisens» malerier har Munch tatt utgangspunkt til motivene for sine fremstillinger i sterke selvopplevelser. Så også med *Døden i sykeværelset*, hvor scenen er lagt til hans barndomshjem og minnene fra søsterens sykdom og død. Maleriet er blant de kunstverk som klarest viser kunstnerens relasjon til syntetismen og symbolismen som stilretning. *Livets dans* var foreløpig det siste hovedmotiv Munch malte til «Livsfrisen». Etter en Italia-reise sommeren 1899, hvor han bl.a. studerte renessansens monumentalkunst, vendte han tilbake med et sterkt ønske om å skape dekorativ kunst beregnet for store veggflater. I de følgende år malte han en rekke monumentale hovedverk, hvorav *Livets dans* med dets forenklede billeduttrykk og symbolikk er blant de viktigste.

Med kjøpene og gavene fra 1909 og 1910 var kjernen i Nasjonalgalleriets Munch-samling dannet, inneholdende de fleste av kunstnerens viktigste arbeider fra 1880- og 90-årene. 47-åringen Munch var på dette tidspunkt den kunstner av sin generasjon som var rikest representert i museet med 22 malerier. Jens Thiis kunne med rette være stolt, men tilveksten fortsatte.

I 1912 mottok museet portrettet av kunsthistorikeren *Julius Meier-Graefe*, antagelig malt i 1895 (ill. s. 86), som gave fra den portretterte, den entusiastiske drivkraften bak tidsskriftet *Pan*. Meier-Graefe og Munch hadde kjent hverandre siden de møttes i Berlin i 1893, og de vanket senere sammen i Paris. Julius Meier-Graefe var en stor beundrer av Munchs kunst og utga bl.a. på eget forlag en mappe med åtte av Munchs raderinger og med eget forord i 1895.

I 1915 kjøpte Olaf Schou maleriet *Høysommer* fra samme år (ill. s. 105) på Munchs utstilling hos Blomqvist. Schou var på dette tidspunkt bosatt i utlandet, og bildet ble gitt direkte til Galleriet. *Høysommer* er malt i Hvitsten, hvor Munch i 1910 kjøpte gården Nedre Ramme. Selv om han på denne tiden fortsatte å male sine mange vintermotiver fra Kragerø, fant han nye motiver fra badelivet i Hvitsten, hvorfra han malte en rekke bilder med nakne menn og kvinner i strålende sollys.

I 1915 ble også *Natt i St. Cloud* fra 1890 (ill. s. 68) innbrakt til Galleriet for mulig kjøp. Etter lange forhandlinger fant det endelige kjøp først sted i 1917. Maleriet, malt i St. Cloud under samværet med den danske symbolistforfatter Emanuel Goldstein, betegner på mange måter et vendepunkt i Munchs kunstneriske utvikling og innleder hans symbolistiske periode i 1890-årene.

I 1921 ble Nasjonalgalleriet tilbudt maleriet *Markens grøde (Fruktbarhet)* fra 1898 for 20.000 kroner. Maleriet hadde tidligere vært i Max Lindes eie i Lübeck, men Galleriets økonomi tillot ikke et så dyrt kjøp. I stedet ervervet museet det lille *Selvportrett* fra 1905 (ill. s. 101) og mottok i gave fra tollinspektør Woxen det fine lille landskap *Blomstereng, Veierland* malt sommeren 1887 (ill. s. 63).

I 1927 ble hele Nasjonalgalleriets annen etasje ryddet for å motta Munchs store retrospektive utstilling med 300 malerier, tegninger, akvareller og grafikk, som tidligere samme år hadde vært vist i Berlin. Det ble den største utstillingssuksess i museets historie. Den ble sett av 31.000 besøkende, og det ble solgt 9.000 kataloger. Som takk skjenket Munch Galleriet sitt monumentale arbeid *Badende mann* fra 1918 (ill. s. 108). Det var det første betydningsfulle verk fra denne perioden i Munchs kunst som ble innlemmet i samlingen, og gaven kan sees som uttrykk for et ønske om å styrke presentasjonen ut over 80- og 90-årene.

Seks år senere, i 1933, kjøpte Nasjonalgalleriet Munchs fargesterke impresjonsistiske maleri *Rue Lafayette*, malt i Paris 1891 (ill. s. 69) for midler fra Olaf Schous gave. Som kjent var den impresjonistiske periode i Munchs kunst kortvarig. Sammen med maleriet *Rue de Rivoli* (Fogg Art Museum, Cambridge, Mass. U.S.A.) representerer *Rue Lafayette* denne retnings sterkeste nedslag i Munchs produksjon, samtidig som de kan sees som hans oppbrudd fra eksperimenteringen innen dette uttrykk. I 1935 ga Munchs mangeårige venn, høyesterettsadvokat Harald Nørregaard, museet maleriet av hans hustru *Aase Nørregaard*, antagelig fra 1895 (ill. s. 87) og dobbeltportrettet *Aase og Harald Nørregaard* fra 1899 (ill. s. 92) som ytterligere styrket representasjonen av Munchs portrettkunst i museets samling.

I 1937 feiret Nasjonalgalleriet 100-års jubileum. Ved denne anledning skjenket Charlotte og Christian Mustad museet syv malerier av Munch, og da Galleriet åpnet 29. april etter fullført utbygging av søndre fløys gårdsrom, kunne publikum bl.a. glede seg over disse nyervervelser i den praktfulle nye Munch-salen. Gaven fra Mustad omfattet portrettet av *Kunstnerens søster Inger* fra 1884 (ill. s. 58), *Badende gutter* fra ca. 1895 (ill. s. 85) og *Dobbeltakt* fra 1905 (ill. s. 102). Men først og fremst inneholdt den fire monumentale verk fra kunstnerens produksjon i årene 1915-20. Av hovedverk fra denne tiden hadde museet kun det tidligere omtalte *Badende mann*, som Munch hadde gitt i 1927. Nå ble samlingen utvidet med *Vinter ved fjorden*, malt i 1915 (ill. s. 106), et av de mange Kragerø-landskap hvor

Munch suverent har grepet det essensielle i et stykke norsk natur; det kraftfulle *Mannen i kålåkeren*, malt første sommer på Ekely i 1916 (ill. s. 107); *Hestespann* fra 1919 (ill. s. 110) og det gripende, sterkt selvransakende *Selvportrett, spanskesyken* fra samme år (ill. s. 112). Disse fire hovedverk ga museets samling en ny og viktig dimensjon. De viser til fulle Munch som vårt århundres maler, med djerv pensel, store former og kraftig koloritt, og de bærer sterkt preg av livskraft og jordnærhet. Dette var sider ved kunstnerens produksjon og utvikling som samlingen ikke tidligere hadde kunnet presentere tilfredsstillende. Og selv om museets Munch-samling fortsatt i antall arbeider gir en bredere presentasjon av kunstnerens verk fra forrige århundre, gir disse nye maleriene sammen med *Badende mann* et sterkt og riktig bilde av Munchs kunst slik den utviklet seg etter 1910 og frem til 1920.

Badende gutter fra ca. 1895, *Dobbeltakt* fra 1905 og ikke minst *Kunstnerens søster Inger* fra 1884 var likeledes kjærkomne gaver. Sistnevnte maleri av søsteren hadde Munch i 1885 vært representert med på Verdensutstillingen i Antwerpen. Det ble også vist på Høstutstillingen i 1886 og dengang omtalt i *Aftenposten* som en stakkars dame i sort kjole som liknet Louise Michel. Den «grimme Louise Michel» var en kjent fransk anarkist og kvinnesakskvinne, og hennes navn ble i samtiden brukt som rent skjellsord.

Året etter jubileet, i 1938, ble *Selvportrett* fra 1886 (ill. s. 60) og *Måneskinn* fra 1893 (ill. s. 75) innkjøpt fra auksjonen over Harald Nørregaards samling hos Wangs Kunsthandel. Samme år ble også portrettet av *Maleren Th. Torgersen*, antagelig malt i 1882 (ill. s. 55) og *Rød villvin* fra ca. 1900 (ill. s. 94) innkjøpt fra Holst Halvorsens Kunsthandel. I *Selvportrett* fra 1886 står vi overfor et meget bevisst portrett av en ung kunstner, som har sitt første hovedverk bak seg: *Det syke barn*, og som våget å gå sine egne veier for å finne et adekvat billeduttrykk for sine opplevelser og følelser. Portrettet vidner om den viljestyrke den unge Munch var i besiddelse av, og røper den sterke personlighet som manifesterte seg i hans hovedverk fra disse år.

Selv om Munch fra 1889 og frem til 1909 for det meste oppholdt seg i Frankrike og Tyskland, opprettholdt han kontakten med Norge ved sine årlige sommeropphold. Fra somrene og oppholdene i hjemlandet hentet han inspirasjon til sine stemningsmettede landskapsskildringer, hvor den norske sommernatt inntar en så sentral plass. I *Måneskinn*, som ble malt i Åsgårdstrand sommeren 1893, har Munch projisert den mystiske nattstemningen over på en ensom kvinneskikkelse som står foran et mørkt hus i måneskinnet. Også i dette maleriet formidler kunstneren stemning og følelsesinnhold gjennom en syntetistisk preget oppfatning av form, linje og farge. Den dype, ulmende koloritten vi finner i *Måneskinn* og andre arbeider fra denne sommer, røper også Munchs beundring for Arnold Böcklins arbeider. Innkjøpet av disse to maleriene i 1938 markerer det siste viktige Munch-kjøp i Galleriets historie. Før krigsutbruddet inneholdt altså samlingen 43 arbeider av Munch. Det som senere ble innlemmet var gaver og mindre kjøp, og vi skal følge utviklingen frem til 1970.

I 1946 fikk Nasjonalgalleriet helfigurportrettet av fylkesmann *Torvald Løchen*, malt i 1918 (ill. s. 109) i testamentarisk gave fra T. Løchen og frue, og i 1950 testamenterte grosserer Alfred Larsen det sjarmerende *Eventyr-skogen* fra ca. 1903 (ill. s. 99) til museet. Maleriet tilhører et av Munchs urealiserte utsmykningsprosjekt, «Eventyr-bildene», som første gang ble utstilt samlet i Dioramalokalet i 1911. Seriens øvrige malerier befinner seg i hovedsak i Munch-museet.

Nasjonalgalleriets innkjøp av arbeider av Munch avsluttes med kjøpet av *Fra Maridalen* fra 1881 (ill. s. 4) i 1958; *Studiehode av ung pike* fra 1883 (ill. s. 56), som Munch hadde vist på Industri- og Kunstudstillingen i Kristiania i 1883 og fått sin første kritikk for i *Dagbladet*, i 1964 og akvarellen *Smedsbukten, Kragerø* fra ca. 1912-15 (ill. s. 103), som ble kjøpt i 1967. Tilveksten til samlingen fortsatte imidlertid.

Gjennom sitt testamente av 1959 ga Charlotte og Christian Mustad ytterligere ti Munch-malerier til Galleriet. Disse ble innlemmet i samlingen ved Christian Mustads død i 1970. Gaven besto av malerier som var blitt til i forskjellige perioder i Munchs liv, og de utfylte betraktelig museets samling. De betydeligste arbeidene var *Kyss* (ill. s. 72) og *Melankoli* (ill. s. 73), begge fra 1892 og begge malerier som ytterligere utvidet museets presentasjon av «Livsfrise»-motivene. *Kyss* er et av frisens sentrale kjærlighetsmotiv og likeledes *Melankoli*, som bygget på opplevelser og inntrykk fra Munchs sommeropphold i Åsgårdstrand da han var vitne til vennen Jappe Nilsens sjalusikvaler.

Videre inneholdt gaven tre andre malerier fra 90-årene: *Måneskinn* fra 1895 (ill. s. 84); *Parisermodell* fra 1896 (ill. s. 89) og portrettet av Dagny Juels søster, *Fru Ragnhild Bäckström* fra ca. 1894 (ill. s. 83). To små skildringer fra Munchs barndomshjem: *Kunstnerens bror i interiør* fra 1883 (illl. s. 57), som museet i 1929 ikke hadde kunnet erverve av økonomiske grunner, og *Kunstnerens far og søster i interiør* fra 1884/85 (ill. s. 62) var også med i Mustads gave og representerte en motivkrets museet ikke hadde fra før. Nye trekk og motiver fra Munchs kunst ga også de tre seneste maleriene i gaven: portrettet av *Fru Schwarz* fra 1905 (ill. s. 100), det fargesterke *Knelende kvinne* fra 1913 (ill. s. 104) og *Hjemvendende arbeidere* fra 1920 (ill. s. 111). Ved denne storslåtte gave har Charlotte og Christian Mustad blitt stående som de største donatorer av Munchs arbeider til museet.

Nasjonalgalleriets budsjett tillater ikke lenger innkjøp av Edvard Munchs arbeider. De store donatorers tid ser også ut til å tilhøre historien. Museet skylder det offentlige, tidligere tiders initiativtagere og generøse givere stor takk for at det har vært mulig å bygge opp vår enestående Munch-samling.

Tone Skedsmo

THE NATIONAL GALLERY MUNCH COLLECTION

Historical Background

The National Gallery in Oslo is the proud possessor of one of the most important collections of Edvard Munch's (1863-1944) paintings from his early years and up until 1920. Throughout the years, partly through purchases and partly from donations, 58 of the artist's works, including two larger watercolours, have been acquired. Today the collection consists of 13 of his works from the 1880's, 26 paintings from the 1890's – the majority of which are among his most important works – and 19 works from the present century. Munch bequeathed the greater part of the production of his later years to the city of Oslo and these pictures are to be found today in the Munch Museum.

The National Gallery was the first public collection to buy Munch. It was through individual acquisitions and gifts as early as the 1890's that the first Munch paintings became part of the collection. More were bought after Jens Thiis became director of thc museum in 1909. Considering the limited means allowed for acquisitions which the Gallery had at its disposal all through the years, it would have been impossible to build up the present day Munch collection without the help of gifts. No other artist has had his works so generously donated to the National Gallery as has Edvard Munch. Of the collection's 58 paintings, 36 are gifts. The largest donations are those of Olaf Schou in the period 1909 to 1915 and of Charlotte and Christian Mustad in 1937, including additions in 1970 by their testament of 1959.

The National Gallery acquired its first Munch painting at the Autumn Exhibition of 1891 when *Night in Nice* (ill. p. 70) was bought for 200 crowns. Munch had painted this night scene with its evocative atmosphere during his stay in France that same year. After a period in Paris he moved, for reasons of health, to this city in southern France where the nature and surroundings inspired a number of fine paintings, among them the Gallery's small picture. In retrospect, this purchase may seem somewhat timid but at the time it was a very radical buy and the acquisition by The National Gallery of *Night in Nice* involved a significant recognition of Munch's art. The previous year, at the Autumn Exhibition of 1890, The National Gallery had clearly defined its position with another courageous purchase – Claude Monet's *Rain, Etretat* from 1886. This was the first impressionistic painting which Monet sold to a public museum.

The next time the question of the purchase of a Munch arose for the Gallery was two years later, in October, 1893. On this occasion the painter Gerhard Munthe suggested to the National Gallery's Board that the museum should acquire *The Storm*, painted the same year (now in the Museum of Modern Art, New York). The proposal, however, was not approved and two more years were to pass before the Gallery made a new purchase from the artist. In the autumn of 1895 Munch offered the museum the following paintings: *Spring, The Sick Child, Self-portrait with Cigarette*, and *Sunrise*. While the matter was under consideration, Gerhard Munthe's suggestion was the purchase of *Self-portrait with Cigarette* from 1895 (ill. p. 82) while Andreas Aubert's was *Spring* from 1889. The only vote taken concerned the self-portrait and the decision to buy it was made. The painting had just been shown in Munch's exhibition at Blomqvist's art dealer which had created such a scandal. In the controversy caused by the exhibition, it was one of the paintings chosen to exemplify the «abnormality» in his art. In *Self-portrait with Cigarette*, painted that same year in Berlin, we are faced with a portrait of a painter who has been through much and undergone new experiences. When he painted this picture he had already created the most important motifs in his «Frieze of Life» and revealed his unusual and extremely personal art to a critical public. The majority considered his art anarchic in the sense that it broke with all existing rules and standards; for some few he was a genius. In 1895, the same year in which the Gallery bought *Self-portrait with Cigarette*, the State Auditor, Sørensen, donated the portrait of *The Painter Jørgen Sørensen* from 1885 (ill. p. 59), another intense portrait of an artist and typical of Munch's expressive medium in the middle of the 1880's.

At this time it was the custom for artists themselves to offer their works to the National Gallery, whereupon the decision to buy or not was up to the Board. In the autumn of 1897, Munch again presented paintings to the museum. This time the paintings in question were two «Portraits of ladies» as well as portraits of Hans Jæger and Gunnar Heiberg. The voting which took place concerned only the portrait of *The Artist's Sister, Inger* from 1892, which was not acquired and the portrait of *The Author Hans Jæger* from 1889 (ill. p. 65), with the decision to buy. With this painting the museum acquired one of Munch's most important artist portraits from the end of the 1880's. The portrait of Hans Jæger had been shown at Munch's first one-man show at the Student Union in Kristiania in the same year in which it had been painted. Andreas Aubert, in his otherwise mixed critique of this exhibition, emphasized the portrait of Jæger as one of the most convincing of Munch's works. In this painting Munch has created a penetrating interpretation of his friend, the foremost figure of the Kristiania Bohemians of 1880's; a man whose fate was already clearly visible when the portrait was painted.

Before Christmas 1898 Munch once again approached the National Gallery with his large painting *Spring* from 1889 (ill. p. 66) and the full-figure portrait of *The Artist's Sister, Inger* from 1892 (ill. p. 74). On this occasion the decision was to buy both paintings and with that the museum added two very important works to its Munch collection. *Spring* was also shown in Munch's first one-man show in 1889 and was possibly a contributing factor toward the National grant which he received at that time; a grant which made a three year study period in Paris possible (1889-92). In *Spring* the motif from *The Sick Child* from 1885-86, is painted in a manner more in agreement with the conventions of Naturalism and many, at that point, were of the opinion that there was hope for Munch! *The Artist's Sister, Inger* was also an important addition. The portrait, when first painted, had been shown in Munch's large exhibition in Verein Berliner Künstler in 1892 which had created such an enormous scandal and in the beginning was entitled «Harmony in black and violet». Throughout the whole of Munch's production, right from 1885 when he painted his friend and colleague Karl Gustav Jensen-Hjell, one finds many full-figure portraits carried out in changing styles. In the painting of his sister Inger, the artist's ideals of portraiture are already clearly formulated. The stylistic point of departure is French Synthetism, which through simplification and stylization of form, lines and colours, seeks a greater intensity of expression. In the negotiations concerning the acquisition of these two works, the poor technical condition of *Spring* was a particular point of discussion. Finally, it was unanimously decided that the price for these two paintings (together 3.500 crowns) should include framing costs for both but that the Gallery would be responsible for the restoration work. In the autumn, 1899, the artist requested the refund of the framing costs (140.80 crowns!!). Erik Werenskiold's proposal that the request be granted was agreed upon but on the condition that the amount be subtracted from any purchase from the artist in the reasonably near future.

As a result of this decision, Andreas Aubert, in the spring of 1901 presented three landscapes by Munch for inspection. No decision was taken to begin with, but Aubert was authorized to negotiate with Munch as to the prices, but with no obligation to buy on the part of the committee. These negotiations resulted in the Gallery's purchase of *Winter* (ill. p. 93), painted at Nordstrand in 1899. Following the artist's large exhibition in Hollændergaarden (Stortingsgaten 14) that same autumn, the members of the Board agreed to request that Munch send the following paintings to the Gallery for further inspection after the close of the exhibition: *White Night, The Scream, Evening on Karl Johan, The Day After, Moonlight, The Girls on the Pier* and a «horizontal motif of the same kind» as the last. On October 25 the paintings were inspected but further consideration of the question was postponed. A. Aubert and Th. Holmboe were authorized to negotiate with Munch about the prices and also a possible exchange with one or more of the earlier acquired works. A few days later, Aubert, who had carried on the negotiations with Munch, was able to report that the artist was ready to sell to the museum *White Night* and *The Girls on the Pier*. He had also agreed not to take *The Scream* with him abroad, but to give the National Gallery or Olaf Schou first option. The purchase of *White Night* painted in 1901 with the motif from Ljan (ill. p. 95) was the sole result of the discussions this time.

In *White Night* and *Winter* the Gallery acquired two landscape paintings which represented a new expression of the artist's perception of nature as compared to his other works in the museum. A considerable number of winter landscapes, painted around the turn of the century, clearly indicate his striving towards a greater rhythmical and lyrical effect. In such paintings as *White Night* and *Winter* there is little to be found of the nervous involvement and restless experimentation which mark his earlier works from the 1890's and these paintings today are considered to be classically serene and contemplative works.

After 1901 several years passed without the addition of new works by Munch to the Gallery's collections. In 1904, admittedly, Gustav Vigeland had proposed the purchase of a «Moonlight», but his suggestion met with no success. It was not until 1909, Thiis' first working year as director of the Gallery, that the collection was considerably increased. In this one year, Thiis made the most extensive purchases of Munch ever undertaken by the museum which at the same time received the first large donation from Olaf Schou, a collector and patron of the arts. In all, 12 paintings by Munch were incorporated in the museum's collection.

In March of the same year, Munch held a large exhibition of earlier and more recent paintings at Blomqvist's. Competition for the pictures was keen and Thiis had to act quickly. Rasmus Meyer, the Bergen collector, was his sharpest competitor for purchases from the exhibition. The National Gallery's appropriations for new purchases had been considerably reduced in the period 1904-07 due to the building of the museum's south wing. One of the most important tasks facing Thiis was to get the budget increased. In 1908 it still remained lower than it had been in the years just after 1900. In 1909, the director had only 9.000 crowns at his disposal for the purchase of Norwegian art while at the same time prices were rising. Thiis, therefore, proposed to the Ministry that 10.000 crowns from Houen's Fund, over which it had disposition rights, be used for this purpose. At the same time he secured Munch's agreement to the sale of five major works for this sum if an early decision could be made. The Ministry was positive but demanded that the purchases be made in agreement with a committee of artists. In the new organization of the Gallery's administration, a final solution to the question of purchasing committees had not yet been decided; the organization plan was still under discussion between the board of the Society of Artists and the Ministry. There were, however, powerful forces blocking the proposed procedure. Among others, the board of the Society of Artists, led by Christian Krohg, found the plan unacceptable on formal grounds and among artists there were those who begrudged Munch the recognition which would certainly follow such a large purchase. The Ministry had to choose between making its own decision on the advice of a responsible director or miss out on the purchase. Fortunately the Ministry chose the first alternative and appointed a purchasing committee in time for Munch to keep to his agreement.

Thiis had proposed the purchase of *Starlit Night*, *Vampire*, *Ashes*, *Puberty* and *The Frenchman*. The committee's final choice was *The Day After* (ill. p. 81) and *Puberty* (ill. p. 80), both painted in Berlin 1894-95 as new versions of motifs already used by Munch in the 1880's; *Ashes* from 1894 (ill. p. 79); *The Frenchman* from 1901(?) (ill. p. 96) and *On the Veranda* from 1902 (ill. p. 98). By this purchase, Thiis secured for his museum versions from the 1890's of the artist's major works *Puberty, The Day After* as well as *Ashes*, a work which held an extremely central position among the motifs dealing with the flowering and death of love when Munch exhibited the collected works making up his «Frieze of Life» for the first time at the Berlin Secession in 1902. All three paintings are good examples of the artist's fully developed symbolistic style idiom in the 1890's. *The Frenchman* (Marcel Archinard) was an excellent supplement to the portraits already in the collection and the charming painting of two young girls with their backs towards us in *On the Veranda*, from Åsgårdstrand, was an example of something the collection lacked; one of the artist's vivid colouristic paintings from after the turn of the century. This last painting had been exhibited at the Salon des Independents in Paris in 1903 with the title «La Pluie» (Rain).

The group of paintings acquired at the exhibition at Blomqvist's was, to date, the largest purchase of an individual artist made by the museum. Jens Thiis was severely criticized for his large purchase and as the result of all the attacks in the press, found it necessary to publish a statement (*Verdens Gang* 31.3. and 2.4. 1909). At approximately the same time as this large purchase, the Gallery was the recipient of an exceptional offer from the collector and art patron Olaf Schou. It had long been known in artist's circles that one day Schou would donate his large collection of Norwegian art to the National Gallery and he chose a very favourable moment to make his offer. During that spring, Thiis was in the process of reorganizing and rehanging the collections when Schou invited him to choose from his own extensive collection whatever works the director meant were of interest to the museum. Among the 116 pieces of art chosen by Thiis from Schou's collection were the following seven paintings by Munch: *The Sick Child* painted in Paris in 1896 (in 1931 an exchange was made and the museum secured the first version of the motif from 1885-86. See T. Skedsmo «Tautrekking om Det syke barn» (Tug-of-war over the Sick Child) in *Kunst og Kultur*, Oslo 1985, pp. 184-195) (ill. p. 61); *Moonlit Night in Nice*, 1891 (ill. p. 71); *Madonna*, 1894-95 (ill. p. 77); *Young Girl Washing Herself*, painted in Paris, 1896 (ill. p. 88); *Mother and Daughter*, probably painted in Åsgårdstrand in 1897 (ill. p. 90); *The Girls on the Pier*, c. 1901 (ill. p. 97); *Study for a portrait*, 1887 (ill. p. 64).

With the purchase from Blomqvist and the donation from Olaf Schou, the National Gallery was now able to present a very satisfactory collection of Munch's art, including a number of his major works. With Schou's donation the museum's «Frieze of Life» was increased with a central motif, *Madonna* and the second version of *The Sick Child* was an equally valuable addition. Added weight was given to the Munch collection for the period around the turn of the century with the addition of *The Girls on the Pier*; a work which shows another side of the artist's stylistic idiom to that of the winter landscape *White Night* from the same period. Decorative intentions, too, are to be found in *The Girls on the Pier*, this lyrical summer night atmosphere in which Munch combines formal restraint with a poetic feeling for nature. *Moonlit Night in Nice* made a fine companion piece to the Gallery's other small night scene, painted during the same stay in the south of France while *Mother and Daughter* indicates the new impulses and impressions which Munch met in the course of his stay in Paris in 1896-97. The simplification and decorative effect we find in the latter painting may be related to Munch's experiments with graphic techniques, particulary woodcuts, during this stay. *Young Girl Washing Herself*, the charming painting done in Paris in 1896 and the small *Study for a portrait* of the model, Betzy Nielsen, whom Munch had also used in *The Sick Child* were likewise valuable additions to the collection.

The following year, the National Gallery received once again three truly major works as a gift from Olaf Schou. These three were *The Scream*, 1893 (ill. p. 76), *Death in the Sick-room*, probably painted in 1893 (ill. p. 78) and *The Dance of Life*, dated 1899-1900 (ill. p. 91). With these additions the museum could present a more representative group of the artist's work from the 1890's than any other collection. Schou bought the three paintings direct from Munch's exhibition in Dioramalokalet (the Diorama Hall). Thiis was the enthusiastic intermediary between artist and collector and with his eager help Schou was able to secure these principal works which were given direct to the museum. As mentioned earlier, *The Scream* already had been reserved from 1901 for the collector or the museum. The expressive use of colour and the curving lines and forms make this painting Munch's most powerful expression of fear. Motifs portraying fear were also a part of «The Frieze of Life». As in most of «The Frieze of Life» paintings, Munch has based his themes on his own gripping emotional experiences. This applies as well to *Death in the Sick-room* where the scene takes place in his childhood home, recalling memories from his sister's illness and death. The painting is among the works which show most clearly his relation to Synthetism and Symbolism as stylistic trends. *The Dance of Life* was, for the time being, the last major motif Munch painted for the «Frieze of Life». After a trip to Italy in the summer of 1899 where, among other things, he studied Renaissance monumental art, he returned with a strong urge to create decorative art for large wall spaces. In the years to follow he painted a number of major monumental works among which *The Dance of Life* with its simplified pictorial expression and symbolism is among the most important.

With the purchases and gifts of 1909 and 1910 the core of the National Gallery's Munch collection was formed and it contained the majority of the artist's most important works from the 1880's and 1890's. At this time, the 47 year old Munch was the artist of his generation with the greatest number of works in the museum; he was represented with 22 paintings. Jens Thiis could rightly be proud – but the acquisitions continued.

In 1912 the museum received the portrait of *Julius Meier-Graefe*, the art historian, probably painted in 1895 (ill. p. 86); it was a gift from the man portrayed, the enthusiastic moving force behind the periodical *Pan*. Meier-Graefe and Munch had known each other ever since they met in Berlin in 1893 and later saw one another regularly in Paris. Julius Meier-Graefe was a great admirer of Munch's art and in 1895, he published a portfolio containing eight of Munch's etchings and with it, his own introduction.

In 1915 Olaf Schou bought the painting *Full Summer* (ill. p. 105) from the same year, at Munch's exhibition at Blomqvist's. At the time, Schou was living abroad and the picture was given direct to the Gallery. *Full Summer* is painted in Hvitsten where Munch bought the farm, Nedre Ramme, in 1910. Although he continued to paint his many winter scenes from Kragerø during this period, he found new motifs in the many bathers in Hvitsten where he has painted a number of pictures with nude men and women in brilliant sunlight.

Night in St. Cloud (ill. p. 68) was also offered for possible sale to the Gallery in 1915. After lengthy negotiations the purchase was finally made in 1917. Munch painted it in St. Cloud while there in the company of the Danish symbolist author Emanuel Goldstein and in many ways it marks a turning point in his artistic development and initiates his symbolistic period in the 1890's.

In 1921 the National Gallery was offered the painting *Growth of the Soil (Fertility)*, 1898, earlier the property of Max Linde in Lübeck. The price was 20.000 crowns but the Gallery's economy did not allow such an expensive purchase. Instead, the museum acquired the small *Self-portrait* from 1905 (ill. p. 101) and received the fine small landscape *Flower Meadow, Veierland* painted summer 1887 (ill. p. 63) as a gift from custom's inspector Woxen.

In 1927 the whole of the National Gallery's first floor was cleared to make room for Munch's large retrospective exhibition of 300 paintings, drawings, watercolours and graphics which had been shown earlier in the year in Berlin. This was the greatest exhibition success in the history of the museum. It was viewed by 31.000 visitors and 9.000 catalogues were sold. To mark his gratitude, Munch donated to the Gallery his monumental work *Bathing Man* from 1918 (ill. p. 108). It was the first major work from this period in Munch's art to be incorporated in the collection and the gift can be interpreted as an expression of the wish to broaden the collection beyond the period of the 1880's and 1890's.

Six years later, in 1933, with funds from Olaf Schou's legacy, the museum bought Munch's vividly coloured impressionistic painting *Rue Lafayette*, painted in Paris in 1891 (ill. p. 69). As is well known, the impressionistic period in Munch's art was short-lived. Along with the painting *Rue de Rivoli* (Fogg Art Museum, Cambridge, USA), *Rue Lafayette* represents the principal occurrence in Munch's production within this field of art; at the same time it may be considered his departure from experiments in this type of expression. In 1935 Munch's friend of many years, Harald Nørregaard, barrister-at-law, presented the museum with the painting of his wife *Aase Nørregaard*, probably from 1895 (ill. p. 87) and the double portrait *Aase and Harald Nørregaard*, 1899 (ill. p. 92) both of which strengthened still further the representation of Munch's portrait art in the museum's collection.

In 1937 the National Gallery celebrated its Centennial. On this occasion, Charlotte and Christian Mustad donated seven Munch paintings. When the Gallery opened on April 29 after the rebuilding of the south wing, the public was able to enjoy these new acquisitions in the magnificent new Munch Gallery. The Mustad donation included portraits of *The Artist's Sister, Inger*, 1884 (ill. p. 58), *Boys Bathing*, c. 1895 (ill. p. 85) and *Two Nudes*, 1905 (ill. p. 102). First and foremost, however, the gift contained four monumental works from the artist's production during the years 1915-20. Of major works from this period, the museum had only the already mentioned *Bathing Man*, a gift from Munch in 1927. Now the collection was enlarged with the addition of *Winter on the Fjord*, 1915 (ill. p. 106), one of the many Kragerø landscapes in which Munch grasps the very essence in a piece of Norwegian nature; the vigorous *Man in the Cabbage Field*, painted during his first summer at Ekely in 1916 (ill. p. 107); *Horse Team*, 1919, (ill. p. 110) and the gripping, powerful soul-searching *Self-portrait, Spanish Influenza* from the same year (ill. p. 112). These four major works added a new and important dimension to the collection. With utmost conviction they show Munch as a painter of our century, with a bold brush, large forms and powerful colours they bear witness to a vitality and affinity with the earth. These were facets of the artist's production and development which the collection had not previously been able to present satisfactorily. Although the museum's Munch collection has a greater number of paintings from the last century and is able to give a broader presentation of the artist's work from that period, these new paintings, including *Bathing Man* convey a forceful and correct picture of Munch's art as it developed after 1910 and on to 1920.

Boys Bathing, c. 1895, *Two Nudes* from 1905 and not least of all *The Artist's Sister, Inger* from 1884 were, likewise, welcome gifts. Munch had been represented at the World's Fair in Antwerp in 1885 with this painting of his sister. It had also been shown at the Autumn Exhibition in 1886 when it was described in the newspaper *Aftenposten* as an unfortunate lady in a black dress who looks like Louise Michel. The «ugly Louise Michel» was a notorious French anarchist and feminist whose name was used by contemporaries as a totally degrading epithet.

The year following the Centennial, 1938, *Self-portrait* from 1886 (ill. p. 60) and *Moonlight*, 1893 (ill.p. 75) were bought at the auction of Harald Nørregaard's collection held at Wang's Art Gallery. The same year *The Painter Th. Torgersen*, probably from 1882 (ill. p. 55) and *Red Virginia Creeper* from c. 1900 (ill. p. 94) were bought from the art dealer, Holst Halvorsen. In *Self-portrait*, 1886, we are faced with a very deliberate portrait of a young artist having completed his first major work, *The Sick Child*; one who has had the courage to follow his own course in order to find an adequate expression for his experiences and emotions. The portrait bears witness to the young Munch's strength of will and reveals the strong personality manifested in his major works from this period.

Although Munch spent most of the time between 1889 and 1909 in France and Germany, he kept his ties with Norway through his annual summer sojourns. From these stays in his own country, he drew inspiration for his evocative landscapes filled with atmosphere in which the Norwegian summer night plays such a paramount role. In *Moonlight*, painted in Åsgårdstrand in the summer of 1893, Munch has projected the mystical mood of the night into a lonely female figure standing in front of a dark house in the moonlight. In this painting too, the artist also conveys the atmosphere and emotional content by means of a synthetical interpretation of form, line and colour. The deep, smouldering colouristic interpretation in *Moonlight* and other works from this same summer also reveal Munch's admiration for the works of Arnold Böcklin. The acquisition of these two paintings in 1938 marks the last important Munch purchase in the Gallery's history. Before the outbreak of World War II the collection contained 43 works by Munch. The later additions were donations and lesser purchases and with these we follow the development up until 1970.

In 1946, by the will of T. Løchen and his wife, the National Gallery received the full-figure portrait of County Governor *Torvald Løchen*, painted in 1918 (ill. p. 109) and in 1950, the merchant, Alfred Larsen bequeathed the charming *Enchanted Forest* ca. 1903 (ill. p. 99) to the museum. The painting belongs to one of Munch's unrealized decorative projects, «Fairy-tale pictures» which were shown together for the first time in Dioramalokalet (the Diorama Hall) in 1911. Most of the other paintings in the series are to be found in the Munch Museum.

The National Gallery's purchases of Munch's works come to an end with *From Maridalen*, 1881 (ill. p. 4) bought in 1958, *Study of a Young Girl's Head*, 1883 (ill. p. 56) bought in 1964, which Munch had shown at the Industry and Art Exhibition in Kristiania in 1883 and for which he received his first review in the newspaper *Dagbladet*, and the watercolour *Smedsbukten, Kragerø* from c. 1912-15 (ill. p. 103) which was bought in 1967.

Nevertheless, additions to the collection continued. In their testament of 1959, Charlotte and Christian Mustad donated a further ten Munch paintings to the Gallery. These were incorporated in the collection upon the death of Christian Mustad in 1970. The donation consisted of paintings which came into being at different periods in Munch's life and they made a considerable supplement to the museum's collection. The most important works were *the Kiss* (ill. p. 72) and *Melancholy* (ill. p. 73) both from 1892, both of which were valuable additions to the museum's presentation of the «Frieze of Life» motifs. *The Kiss* is one of the principal love motifs in the frieze as is *Melancholy* which is based on Munch's experiences and impressions from a summer holiday in Åsgårdstrand where he witnessed the jealous agonies of his friend Jappe Nilssen.

This donation, furthermore, included three other paintings from the 1890's: *Moonlight*, 1895 (ill. p. 84), *Parisian Model*, 1896 (ill.p. 89), portrait of Dagny Juel's sister, *Mrs. Ragnhild Bäckström*, c. 1894 (ill.p. 83). Two small depictions from Munch's childhood home, *Interior with the Artist's Brother*, 1883 (ill. p. 57), which the museum had been unable to acquire in 1929 for economic reasons and *Interior with the Artist's Father and Sister*, 1884/85 (ill. p. 62) were also a part of Mustad's donation and represented a group of motifs hitherto not represented in the museum's collection. New features and motifs in Munch's art were added to the collection in the three most recent paintings in the donation: the portrait of *Mrs. Schwarz*, 1905 (ill. p. 100), the vividly colourful *Kneeling Woman*, 1913 (ill. p. 104) and *Workers returning Home*, 1920 (ill. p. 111). With this magnificent gift, Charlotte and Christian Mustad remain the most magnanimous donators of Munch's works to the museum.

The budget of the National Gallery no longer allows the acquisition of Edvard Munch's works. It appears that the days of the great donators belong to history. The museum is very grateful to the public authorities, to those who took such initiative in earlier times and to the generous donators, all of whom made it possible to build up our outstanding Munch collection.

Translation by Ruth Waaler.

DIE MUNCH-SAMMLUNG DER NATIONALGALERIE

Ein historischer Überblick

Die Nationalgalerie in Oslo besitzt eine der bedeutendsten Sammlungen von Bildern Edvard Munchs (1863-1944) aus seinen jungen Jahren bis zum Jahre 1920. 58 Arbeiten, darunter zwei größere Aquarelle, sind im Laufe der Jahre teils durch Ankauf, teils als Schenkungen in den Besitz des Museums gelangt. Die Sammlung umfaßt heute 13 Bilder aus seiner Schaffenszeit in den 1880er Jahren; 26 Bilder – meist ganz zentrale Werke – aus den 1890er Jahren und 19 Arbeiten aus diesem Jahrhundert. Den größten Teil seiner Werke aus den späteren Jahren vermachte Munch testamentarisch an die Stadt Oslo, und diese Bilder befinden sich heute im Munch-Museum.

Die Nationalgalerie war die erste öffentliche Sammlung, die von Munch bilder kaufte. Schon um 1890 wurden die ersten Munch-bilder durch Einzelankäufe und Schenkungen in die Sammlung aufgenommen, weitere Bilder wurden erworben, nachdem Jens Thiis im Jahre 1909 Direktor des Museums geworden war. Bei den knappen Mitteln für Ankäufe, die der Nationalgalerie im Verlauf der Zeit zur Verfügung standen, wäre es jedoch nicht möglich gewesen, eine Munch-Sammlung in dem Umfang aufzubauen, wie sie die Nationalgalerie heute besitzt; dies gelang nur mit Hilfe von Schenkungen. So großzügige Schenkungen seiner Werke an die Nationalgalerie wie im Falle Edvard Munch hat es bei keinem anderen norwegischen Künstler gegeben. Von den 58 Bildern der Sammlung sind 36 Schenkungen. Die größten Stiftungen wurden dem Museum in den Jahren 1909 bis 1915 durch Olaf Schou und im Jahre 1937, sowie durch ein Testament von 1959, durch Charlotte und Christian Mustad zuteil. Die Bilder aus jenem Testament wurden 1970 in die Sammlung aufgenommen.

Die Nationalgalerie erwarb ihr erstes Munch-Gemälde auf der Herbstausstellung 1891, auf der *Nacht in Nizza* (Ill. S. 70) für 200 Kronen gekauft wurde. Dieses stimmungsvolle Nachtbild hatte Munch während seines

Frankreichaufenthalts im gleichen Jahr gemalt. Nach einem Aufenthalt in Paris war der Künstler aus gesundheitlichen Gründen in diese südfranzösische Stadt gegangen, wo die Natur und die Umgebung ihn zu einer Reihe sehr schöner Arbeiten inspirierte, zu denen auch das kleine Bild hier in der Galerie gehört. Im nach-hinein mag der Kauf vielleicht etwas vorsichtig wirken, doch zu seiner Zeit war es ein sehr fortschrittlicher Kauf, und der Erwerb von *Nacht in Nizza* durch die Nationalgalerie bedeutete eine weitgehende Anerkennung von Munchs Kunst. Im Jahr zuvor, auf der Herbstausstellung 1890, hatte sich die Nationalgalerie übrigens durch einen anderen mutigen Kauf hervorgetan, nämlich Claude Monets Gemälde *Regenwetter, Etretat* aus dem Jahre 1886. Es war das erste impressionistische Gemälde, das Monet an ein öffentliches Museum verkaufte.

Zwei Jahre später war ein weiterer Munch-Ankauf durch die Galerie im Gespräch, als der Maler Gerhard Munthe im Oktober 1893 der Direktion der Nationalgalerie vorschlug, das Gemälde *Der sturm* für das Museum zu erwerben, das im gleichen Jahr entstanden war (jetzt im Museum of Modern Art, New York), doch der Vorschlag fand keine Zustimmung, und es dauerte weitere zwei Jahre, bevor die Nationalgalerie erneut ein Werk des Künstlers kaufte. Im Herbst 1895 bot Munch dem Museum folgende Gemälde an: *Frühling, Das kranke Kind, Selbstbildnis mit Zigarette,* und *Sonnenaufgang*. Als das Thema zur Sprache gebracht wurde, schlug Gerhard Munthe den Kauf von *Selbstbildnis mit Zigarette* aus dem Jahre 1895 (Ill. S. 82) vor und Andreas Aubert *Frühling* aus dem Jahre 1889. Es wurde nur über das Selbstbildnis abgestimmt, und der Kauf wurde beschlossen. Das Bild war gerade auf Munchs Skandalausstellung bei Blomqvist ausgestellt gewesen, wo es eines der Gemälde war, das in der Debatte rund um die Ausstellung besonders hervorgehoben wurde, um das «Abnorme» in seiner Kunst zu zeigen. In *Selbstbildnis mit Zigarette*, im gleichen Jahr in Berlin gemalt, haben wir das Porträt eines Malers vor uns, der vieles durchlebt hat und viele Erfahrungen gemacht hat. Als er das Bild malte, hatte er seine wichtigsten «Lebensfries»-Motive gestaltet und seine außergewöhnliche und stark persönlich geprägte Kunst einem kritischen Publikum gezeigt. Die meisten sahen seine Kunst als anarchistisch an, in dem Sinne, daß sie völlig mit den geltenden Normen und Regeln brach; für einige wenige war er ein Genie. Im Jahre 1895, dem gleichen Jahr, in dem die Galerie das *Selbstbildnis mit Zigarette* kaufte, schenkte außerdem der Staatsrevisor Sørensen dem Museum noch das Porträt *Der maler Jørgen Sørensen* von 1885 (Ill. S. 59), ein weiteres eindringliches Künstlerporträt, das für Munchs Ausdrucksform um die Mitte der 1880er Jahre typisch war.

Zu jener Zeit war es üblich, daβ die Künstler selbst ihre Arbeiten der Nationalgalerie anboten und die Direktion dann zu den eingereichten Werken Stellung nahm. Im Herbst 1897 bot Munch dem Museum wiederum Gemälde an. Diesmal handelte es sich um zwei «Frauenporträts», sowie um Porträts von Hans Jæger und Gunnar Heiberg. Es wurde nur über das Porträt *Der Schriftsteller Hans Jæger* von 1889 (Ill. S. 65), abgestimmt, dessen Ankauf beschlossen wurde, sowie über das Porträt *Inger, die Schwester des Künstlers* aus dem Jahre 1892, das hingegen nicht gekauft wurde.

Mit diesem Ankauf kam eines von Munchs bedeutendsten Künstlerporträts aus dem Ende der 1880er Jahre in den Besitz des Museums. Das Bild von Hans Jæger war im Jahr seiner Entstehung auf der ersten Einzelausstellung Munchs im Studentenforum in Kristiania ausgestellt gewesen. In seiner sonst recht gemischten Kritik über diese Ausstellung hatte Andreas Aubert das Jæger-Porträt als eines der überzeugendsten Bilder aus Munchs Hand hervorgehoben. Mit diesem Gemälde hat Munch eine eindringliche, scharf charakterisierende Darstellung seines Freundes geschaffen, der zentralen Figur der Bohéme Christianias in den 1880er Jahren, und schon ein gezeichneter Mann, als das Bild entstand.

Kurz vor Weihnachten 1898 bot Munch der Nationalgalerie noch einmal sein groβes Gemälde *Frühling* von 1889 (Ill. S. 66) an, sowie das ganzfigurige Porträt *Inger, die Schwester des Künstlers* von 1892 (Ill. S. 74). Dieses Mal wurde der Ankauf beider Arbeiten beschlossen, und das Museum erweiterte damit seine Munch-Sammlung um zwei sehr bedeutende Werke. *Frühling* war auch auf Munchs erster Einzelausstellung im Jahre 1889 gezeigt worden, und es trug sicher dazu bei, daβ er damals das Staatsstipendium erhielt, das ihm einen dreijährigen Studienaufenthalt in Paris ermöglichte (1889-92). In *Frühling* ist das Motiv des Bildes *Das kranke Kind* von 1885-86 mehr in Übereinstimmung mit den Konventionen des Naturalismus gemalt worden, und viele waren damals der Meinung, daβ es auch Hoffnung für Munch bedeutete! *Inger, die Schwester des Künstlers* stellte auch eine wichtige Bereicherung dar. Das Gemälde war seinerzeit auf Munchs groβer Skandalausstellung 1892 im Verein Berliner Künstler ausgestellt gewesen und wurde zu Beginn unter dem Titel «Harmonie in Schwarz und violett» ausgestellt. Durch das gesamte Werk Munchs hindurch, schon von 1885 an, als er seinen Freund und Kollegen Karl Gustav Jensen-Hjell malte, lassen sich eine lange Reihe ganzfiguriger Porträts mit wechselndem stilistischen Ausdruch verfolgen. Im Bildnis seiner Schwester Inger sind des Künstlers Ideale in der Porträtdarstellung aus den 90er Jahren bereits klar formuliert.

Der stilistische Ausgangspunkt ist der französische Synthetismus, der durch Vereinfachung und Stilisierung von Formen, Flächen, Linien und Farben eine größere Intensität im Ausdruck zu erreichen sucht. In den Diskussionen um den Ankauf dieser beiden Arbeiten wurde insbesondere auf den schlechten technischen Zustand von *Frühling* hingewiesen. Es wurde zuletzt einstimmig beschlossen, daß in die Kaufsumme für diese eiden Gemälde (insgesamt 3.500 Kronen) die Kosten für die Rahmen beider Bilder mit einfließen sollten, und daß die Galerie die Restaurierung übernehmen sollte. Im Herbst 1899 bat der Künstler die Galerie, die Kosten für die Rahmen (140,80 Kronen!!) erstattet zu bekommen, und auf einen Vorschlag von Erik Werenskiold hin wurde beschlossen, seier Bitte stattzugeben, jedoch unter der Bedingung, daß diese Summe bei einem eventuell in absehbarer Zeit stattfindenden Kauf beim Künstler wieder abgezogen würde.

Infolge dieses Beschlusses konnte Andreas Aubert im Frühjahr 1901 drei Landschaftsgemälde von Munch zur Besichtigung vorlegen. Es wurde zunächst kein Beschluß gefaßt, sondern Aubert wurde beauftragt, mit Munch über die Preise zu verhandeln, ohne daß sich die Direktion jedoch zu einem Kauf verpflichtet sah. Als Ergebnis dieser Verhandlungen kauft die Nationalgalerie das Gemälde *Winter* (Ill. S. 93), das 1899 auf Nordstrand entstand. Nach der großen Ausstellung des Künstlers im Hollændergaarden (Stortingsgaten 14) im Herbst desselben Jahres einigte sich die Direktion darauf, Munch zu bitten, der Nationalgalerie nach Beendigung der Ausstellung folgende Gemälde zur weiteren Besichtigung zu schicken: *Weiße Nacht, Der Schrei, Abend auf der Karl Johan-Straße, Der Tag danach, Mondschein, Die Mädchen auf der Brücke* und eine «Querformat-Fassung des gleichen Motivs» wie das letztgenannte. Am 25. Oktober wurden die Gemälde in Augenschein genommen, doch die Beratung wurde vertagt. A. Aubert und Th. Holmboe wurden beauftragt, mit Munch über die Preise zu verhandeln sowie über einen möglichen Tausch gegen eines oder mehrere der schon zuvor gekauften Gemälde. Einige Tage später konnte Aubert, der die Verhandlungen mit Munch geführt hatte, mitteilen, daß der Künstler bereit sei, *Weiße Nacht* und *Die Mädchen auf der Brücke* an das Museum zu verkaufen. Er hatte sich auch einverstanden erklärt, das Gemälde *Der Schrei* nicht mit ins Ausland zu nehmen, sondern der Nationalgalerie oder Olaf Schou das Vorkaufsrecht einzuräumen. Der Ankauf von *Weiße Nacht* auf dem Jahre 1901 mit einem Motiv von Ljan (Ill. S. 95) blieb dieses Mal das einzige Ergebnis der Beratungen.

Mit *Weiße Nacht* und *Winter* erwarb die Nationalgalerie zwei Landschaftsgemälde, in denen die Naturerlebnisse des Künstlers auf ganz andere Weise zum Ausdruck gebracht werden, als in den übrigen Arbeiten im Museum. Eine ganze Reihe von Winterlandschaften, die um die Jahrhundertwende entstanden, zeigen deutlich Munchs Streben nach einer mehr rhythmischen und lyrischen Tongebung in Flächen, Farben und Linien. In Gemälden wie *Weiße Nacht* und *Winter* findet sich wenig von dem nervösen Engagement und dem rastlosen Experimentieren, das seine früheren Arbeiten aus den 90er Jahren prägt, und man erlebt diese Gemälde heute als klassisch ruhige und kontemplative Arbeiten.

Nach 1901 vergingen mehrere Jahre bevor neue Arbeiten von Munch in die Sammlungen der Nationalgalerie aufgenommen wurden. Im Jahre 1904 hatte Gustav Vigeland zwar vorgeschlagen, einen «Mondschein» zu kaufen, doch der Vorschlag fand keinen Beifall. Erst im Jahre 1909, im ersten Jahr von Thiis' Wirken als Direktor der Galerie, wurde die Sammlung indessen beträchtlich erweitert. In jenem Jahr tätigte Thiis den größten Munch-Kauf, den das Museum je gemacht hat, und gleichzeitig erhielt die Galerie die erste große Schenkung von dem Mäzen und Sammler Olaf Schou. Insgesamt wurden 12 Gemälte von Munch der Sammlung hinzugefügt.

Im März desselben Jahres hatte Munch eine große Ausstellung älterer und neuerer Bilder bei Blomqvist. Das Kaufinteresse an den Bildern war groß, und Thiis mußte schnell handeln. Der Sammler Rasmus Beyer aus Bergen war einer seiner größten konkurrenten in Hinblick auf Käufe aus dieser Ausstellung. Die Bewilligungen für Ankäufe seitens der Nationalgalerie waren in den Jahren 1904-07 beträchtlich reduziert worden, da in jenen Jahren der Südflügel der Galerie errichtet wurde. Eine der wichtigsten Aufgaben für Thiis bestand darin, eine Erhöhung des Budgets zu erreichen. 1908 lagen die Mittel immer noch unter dem Stand der Jahre nach 1900. Im Jahre 1909 standen dem Direktor nur 9.000 Kronen für den Ankauf norwegischer Kunst zur Verfügung, während die Preise stiegen. Thiis machte daher dem Ministerium den Vorschlag, hierfür 10.000 Kronen aus dem Houens Fonds zu verwenden, über den das Ministerium verfügte; gleichzeitig sicherte er sich Munchs Zusage, fünf Hauptwerke für diese Summe erwerben zu können, wenn es zu einem baldigen Beschluß käme. Das Ministerium zeigte sich entgegenkommend, doch es verlangte, daß die Ankäufe im Einvernehmen mit einem Gremium, das aus Künstlern bestand, getätigt werden sollten. Nach der Neuordnung der Verwaltung der Galerie hatte man immer noch keine endgültige Lösung in Hinblick auf Gremien für den Ankauf gefunden, da der Organisationsplan weiterhin zwischen dem Vorstand der Vereinigung bildender Künstler und dem Ministerium diskutiert wurde. Es gab indessen starke Kräfte, die sich gegen die vorgeschlagene Verfahrensweise stellten; unter anderem hielt der Vorstand der Vereinigung bildender Künstler mit Christian Krohg an der Spitze die Regelung aus formellen Gründen nicht für akzeptabel, und in Künstlerkreisen gab es etliche, die Munch die Anerkennung nicht gönnten, die ein so großer Ankauf mit sich brachte. Das Ministerium hatte die Wahl, entweder auf eigene Verantwortung und auf den Rat eines verantwortlichen Direktors hin zu handeln, oder den Kauf zu verpassen. Glücklicherweise entschied sich das Ministerium für die erste Alternative und ernannte ein Gremium rechtzeitig genug, daß Munch sein Versprechen einlösen mußte.

Thiis hatte den Ankauf von *Sternennacht, Vampir, Asche, Pubertät* und *Der Franzose* vorgeschlagen. Die endgültige Wahl des Gremiums fiel auf *Der Tag danach* (Ill. S. 81) und *Pubertät* (Ill. S. 80), beide in den Jahren 1894-95 in Berlin entstanden, als neue Versionen von Motiven, die Munch schon in den 1880er Jahren gemalt hatte; *Asche* aus dem Jahre 1894 (Ill. S. 79); *Der Franzose* aus dem Jahre 1901 (?) (Ill. S. 96) und *Auf der Veranda* aus dem Jahre 1902 (Ill. S. 98). Thiis sicherte sich mit diesen Ankäufen für sein Museum die Fassungen aus den 90er Jahren von den Hauptwerken des Künstlers *Pubertät* und *Der Tag danach*, sowie *Asche*, das einen ganz zentralen Platz unter den Motiven einnahm, die vom Aufblühen und vom Tod der Liebe handelten, als Munch 1902 zum ersten Mal seinen gesamten «Lebensfries» auf der Ausstellung der Berliner Secession zeigte. Alle drei Gemälde sind als gute Beispiele für die voll ausgebildete symbolistische Formensprache des Künstlers in den 90er Jahren anzusehen. *Der Franzose* (Marcel Archinard) war einen ausgezeichnete Ergänzung zu den schon in der Sammlung vorhandenen Porträts, und das charmante Gemälde von den beiden mit dem Rücken zugewandt stehenden Mädchen *Auf der Veranda* in Åsgårdstrand repräsentierte eine Art von Bildern, die die Sammlung bisher nicht hatte, eines jener farbenstarken Werke des Künstlers, die nach der Jahrhundertwende entstanden. Dieses Gemälde war auf dem Salon des Indépendents in Paris 1903 unter dem Titel «La Pluie» (Regenwetter) ausgestellt gewesen.

Der Ankauf aus der Ausstellung bei Blomqvist war der größte Kauf von Bildern eines einzigen Künstlers, den das Museum bis dahin getätigt hatte. Jens Thiis wurde wegen seines Großankaufs heftig kritisiert und sah sich gezwungen, nach allen Angriffen in der Presse ein Erklärung abzugeben (siehe *Verdens Gang* 31.3 und 2.4.1909).

Ungefähr zur gleichen Zeit erhielt die Galerie ein einmaliges Angebot von dem Mäzen und Sammler Olaf Schou. Es war in Künstlerkreisen schon lange bekannt gewesen, daß Schou seine große Sammlung norwegischer Kunst einmal der Nationalgalerie vermachen würde, und er wählte einen sehr günstigen Zeitpunkt für sein Angebot. Thiis war in jenem Frühjahr damit beschäftigt, die Sammlungen neu zu ordnen und aufzuhängen, und Schou bot ihm an, aus seiner reichhaltigen Sammlung diejenigen Stücke auszuwählen, von denen er als Direktor meinte, daß sie von Interesse für das Museum seien. Unter den 116 Kunstwerken, die Thiis aus der Sammlung Schou auswählte, waren folgende sieben Gemälde von Munch: *Das kranke kind*, 1896 in Paris entstanden, (1931 wurde ein Tausch vorgenommen, sodaß das Museum die erste Fassung des Motivs von 1885-86 erhielt. Siehe T. Skedsmo «Tauziehen um Das kranke Kind», *Kunst og Kultur*, Oslo 1985, S. 184-195) (Ill. S. 61); *Mondnacht in Nizza* aus dem Jahre 1891 (Ill. S. 71); *Madonna* von 1894-95 (Ill. S. 77); *Junges Mädchen sich waschend*, 1896 in Paris entstanden (Ill. S. 88); *Mutter und Tochter*, vermutlich 1897 in Åsgårdstrand gemalt (Ill. S. 90); *Die Mädchen auf der Brücke*, um 1901 (Ill. S. 97) und *Porträtstudie* aus dem Jahre 1887 (Ill. S. 64).

Mit dem Kauf bei Blomqvist und der Schenkung durch Olaf Schou konnte die Nationalgalerie nun mit einer Reihe von Hauptwerken Munchs eine sehr zufriedenstellende Präsentation seiner Kunst bieten. Durch Schous Schenkung wurde er «Lebensfries» des Museums um das zentrale Motiv *Madonna* erweitert, und die zweite Fassung des Bildes *Das kranke Kind* war eine ebenso wertwolle Vervollständigung. *Die Mädchen auf der Brücke* gab der Sammlung von Munchs Kunst aus den Jahren um die Jahrhundertwende weit größeres Gewicht und zeigte eine andere Seite der Ausdrucksweise des Künstlers, ganz verschieden von der Winterlandschaft *Weiße Nacht* aus der gleichen Zeit. Dekorative Intentionen finden sich ebenfalls in *Die Mädchen auf der Brücke*, dieser lyrischen Sommernachtsstimmung, in der Munch formale Beherrschung mit poetischem Naturgefühl verbindet. *Mondnacht in Nizza* bildete ein sehr schönes Pendant zu dem anderen kleinen Nachtbild in der Galerie, das während des gleichen Aufenthalts in Südfrankreich entstand, und *Mutter und Tochter* zeigt die neuen Impulse und Eindrücke auf, die Munch bei seinem Paris-Aufenthalt 1896-97 erhielt. Die Vereinfachung und dekorative Wirkung, die wir im letztgenannten Bild finden, kann in Zusammenhang mit Munchs Arbeit mit graphischen Techniken, besonders mit Holzschnitten, während dieses Aufenthalts gesehen werden. Das charmante Bild *Junges Mädchen sich waschend*, 1896 in Paris entstanden, und die kleine *Porträtstudie* des

Modells Betzy Nielsen, das Munch auch in *Das kranke Kind* verwendet hatte, waren ebenfalls wertvolle Beiträge zur Sammlung.

Im Jahr darauf erhielt die Nationalgalerie von Olaf Schou weitere drei zentrale Arbeiten von Munch als Schenkung. Es handelte sich um *Der Schrei* aus dem Jahre 1893 (Ill. S. 76), *Der Tod im Krankenzimmer*, vermutlich 1893 entstanden (Ill. S. 78) und *Der Tanz des Lebens*, datiert 1899-1900 (Ill. S. 91), und mit diesen Zugängen konnte das Museum die Arbeiten des Künstlers aus den 1890er Jahren so gut wie keine andere Sammlung präsentieren. Die drei Gemälde kaufte Schou dirket von Munchs Ausstellung in Dioramalokalet. Thiis fungierte als eifriger Vermittler zwischen dem Künstler und dem Sammler und trug wesentlich dazu bei, daß Schou die Hauptwerke erwerben konnte, die er direkt dem Museum übergab. *Der Schrei* war, wie zuvor erwähnt, für den Sammler oder das Museum seit 1901 reserviert gewesen. Der expressive Gebrauch der Farben und die wogenden Linien und Formen machen das Gemälde zu Munchs stärkstem Ausdruck für Angst. Die Angstmotive gehörten auch zum «Lebensfries». Wie in den meisten Gemälden des «Lebenfrieses» waren starke persönliche Erlebnisse für Munch der Ausgangspunkt für die Motive in seinen Darstellungen. Das gilt auch für *Der Tod im Krankenzimmer*, dessen Szene sein Elternhaus wiederspiegelt und Erinnerungen an Krankheit und Tod seiner Schwester aufgreift. Dieses Gemälde ist von seinen Werken wohl dasjenige, das am deutlichsten die Beziehungen des Künstlers zum Synthetismus und Symbolismus als Stilrichtung aufweist. *Der Tanz des Lebens* war vorläufig das letzte Hauptmotiv, das Munch für den «Lebensfries» malte. Nach einer Italien-Reise im Sommer 1899, auf der er u.a. die Monumentalkunst der Renaissance studierte, kehrte er zurück mit dem starken Wunsch, dekorative Kunst für große Wandflächen zu schaffen. In den folgenden Jahren malte er eine Reihe monumentaler Hauptwerke, von denen *Der Tanz des Lebens* mit seiner vereinfachten bildlichen Ausdrucksweise und Symbolik zu den bedeutendsten Arbeiten gehört.

Mit den Ankäufen und den Schenkungen von 1909 und 1910 war der Grundstock für die Munch-Sammlung in der Nationalgalerie geschaffen worden, die einen Großteil der wichtigsten Arbeiten des Künstlers aus den 1880er und 1890er Jahren enthielt. Munch war damals 47 Jahre alt und zu jenem Zeitpunkt derjenige Künstler seiner Generation, der mit 22 Bildern in Museum am umfassendsten vertreten war. Jens Thiis konnte mit Recht stolz sein, doch die Sammlung wuchs weiter.

Im Jahre 1912 erhielt das Museum das Porträt des Kunsthistorikers *Julius*

Meier-Graefe, vermutlich 1895 entstanden (Ill. S. 86), als Geschenk des Porträtierten, der mit seinem Enthousiasmus die treibende Kraft der Zeitschrift *Pan* war. Meier-Graefe und Munch kannten sich seit ihrer Begegnung in Berlin 1893, und sie waren später in Paris häufig zusammen. Julius Meier-Graefe war ein großer Bewunderer von Munchs Kunst und gab u.a. 1895 im Selbstverlag eine Mappe mit acht Radierungen Munchs heraus, die er mit einem eigenen Vorwort versehen hatte.

Im Jahre 1915 kaufte Olaf Schou das Gemälde *Hochsommer* aus dem gleichen Jahr (Ill. S. 105) auf Munchs Ausstellung bei Blomqvist. Schou lebte zu diesem Zeitpunkt im Ausland, und das Bild wurde direkt der Galerie übergeben. *Hochsommer* ist in Hvitsten entstanden, wo Munch 1910 den Hof Nedre Ramme kaufte. Auch wenn er in jener Zeit weiterhin seine vielen Wintermotive aus Kragerø malte, fand er neue Motive im Badeleben von Hvitsten, von dem er eine Reihe Bilder mit nackten Männern und Frauen in strahlendem Sonnenlicht malte.

Im Jahre 1915 wurde auch *Nacht in St. Cloud* von 1890 (Ill. S. 68) der Galerie zum möglichen Kauf angeboten. Nach langen Verhandlungen fand der endgültige Ankauf erst 1917 statt. Das Gemälde, das in St. Cloud unter dem Eindruck der Begegnung mit einem dänischen Symbolisten, dem Schriftsteller Emanuel Goldstein, entstand, bezeichnet auf vielfältige Weise einen Wendepunkt in Munchs künstlerischer Entwicklung und leitet seine symbolistische Periode in den 1890er Jahren ein.

1921 wurde der Nationalgalerie das Gemälde *Segen der Erde (Fruchtbarkeit)* aus dem Jahre 1898 für 20.000 Kronen angeboten. Das Gemälde war früher im Besitz von Max Linde in Lübeck gewesen, doch die Finanzen der Galerie ließen einen so teuren Ankauf nicht zu. Statt dessen erwarb das Museum das kleine *Selbstbildnis* von 1905 (Ill. S. 101) und erhielt als Schenkung von dem Zollinspektor Woxen das hübsche kleine Landschaftsbild *Blumenwiese, Veierland,* das im Sommer 1887 entstanden war (Ill. S. 63).

1927 wurde der gesamte zweite Stock der Nationalgalerie geräumt, um Munchs große retrospektive Ausstellung mit 300 Gemälden, Zeichnungen, Aquarellen und Graphiken aufzunehmen, die zuvor im gleichen Jahr in Berlin gezeigt worden war. Es wurde der größte Ausstellungserfolg in der Geschichte des Museums. Es kamen 31.000 Besucher und 9.000 Kataloge wurden verkauft. Als Dank schenkte Munch der Galerie seine monumentale Arbeit *Badender Mann* aus dem Jahre 1918 (Ill. S. 108). Es war das erste bedeutende Werk aus dieser Periode Munchs, das die Sammlung erhielt, und das Geschenk mag als Ausdruck für den Wunsch gesehen werden, die Präsentation seiner Arbeiten über die 80er und 90er Jahre hinaus auszuweiten.

Sechs Jahre später, im Jahre 1933, kaufte die Nationalgalerie Munchs farbenstarkes impressionistisches Gemälde *Rue Lafayette*, 1891 in Paris entstanden (Ill. S. 69) aus Mitteln von Olaf Schous Schenkung. Bekanntlich war die impressionistische Periode in Munchs Kunst von kurzer Dauer. In den beiden Gemälden *Rue de Rivoli* (Fogg Art Museum, Cambridge, U.S.A.) und *Rue Lafayette* findet diese Stilrichtung ihren stärksten Niederschlag, sie können jedoch gleichzeitig auch als sein Aufbruch aus dem Experimentieren mit diesen Ausdrucksmitteln gesehen werden. Im Jahre 1935 vermachte Munchs langjähriger Freund, der Rechtsanwalt Harald Nørregaard, dem Museum das Gemälde von seiner Frau *Aase Nørregaard*, vermutlich aus dem Jahre 1895 (Ill. S. 87), und das Doppelporträt *Aase und Harald Nørregaard* aus dem Jahre 1899 (Ill. S. 92), was die Präsentation von Munchs Porträtkunst in der Sammlung des Museums weiter vergrößerte.

1937 feierte die Nationalgalerie ihr 100-jähriges Bestehen. Aus diesem Anlaß vermachten Charlotte und Christian Mustad dem Museum sieben Gemälde von Munch, und als die Galerie am 29. April eröffnet wurde, nachdem der Ausbau des Innenhofs des Südflügels beendet worden war, konnte sich das Publikum u.a. an diesen Neuerwerbungen in dem prachtvollen neuen Munch-Saal erfreuen. Die Schenkung von Mustad umfaß te das Porträt *Inger, die Schwester des Künstlers* aus dem Jahre 1884 (Ill. S. 58), *Badende Knaben*, um 1895 (Ill. S. 85) und *Zwei Akte* aus dem Jahre 1905 (Ill. S. 102). Doch vor allem enthielt sie vier monumentale Werke aus der Produktion des Künstlers in den Jahren 1915-20. Als Hautwerk aus dieser Zeit besaß das Museum nur das zuvor erwähnte Gemälde *Badende Mann*, das Munch 1927 der Galerie geschenkt hatte. Nun kamen folgende Werke zur Sammlung hinzu: *Winter am Fjord*, 1915 entstanden (Ill. S. 106), eine der vielen Kragerø-Landschaften, in der Munch souverän das Essentielle in einem Stück norwegischer Natur erfaßt hat; das kraftvolle Bild *Mann im Kohlfeld*, das 1916 im ersten Sommer auf Ekely entstand (Ill. S. 107); *Pferdegespann* aus dem Jahre 1919 (Ill. S. 110) und das ergreifende, deutlich sich selbst analysierende *Selbstbildnis, die spanische Grippe* aus dem gleichen Jahr (Ill. S. 112). Diese vier Hauptwerke gaben der Sammlung des Museums eine neue und wichtige Dimension. Sie weisen hinlänglich Munch als Maler unseres Jahrhunderts aus, mit kühnem Pinsel, großen Formen und kräftiger Farbgebung, und sie zeigen ausgeprägte Lebenskraft und Erdverbundenheit. Diese Seiten im Werk und in der Entwicklung des Künstlers hatte die Sammlung bisher nicht zufriedenstellend darstellen können. Auch wenn die Munch-Sammlung des Museums weiterhin in Bezug auf die Anzahl der Bilder eine breitere Präsentation seiner Werke aus dem vorigen Jahrhundert vorweist, so vermitteln diese neuen Gemälde zusammen mit *Badender Mann* ein starkes und richtiges Bild von Munchs Kunst, so wie sich nach 1910 bis zum Jahre 1920 hin entwickelte.

Badende Knaben, um 1895, *Zwei Akte* aus dem Jahre 1905 und nicht zuletzt *Inger, die Schwester des Künstlers* aus dem Jahre 1884 waren ebenfalls willkommene Schenkungen. Mit dem letztgenannten Gemälde von seiner Schwester war Munch 1885 auf der Weltausstellung in Antwerpen vertreten gewesen. Es wurde auch auf der Herbstausstellung 1886 gezeigt und damals in einer Besprechung in *Aftenposten* als eine arme Frau in schwarzem Kleid bezeichnet, die Louise Michel ähnelt. Die «häßliche Louise Michel» war eine bekannte französische Anarchistin und Frauenrechtlerin, und ihr Name wurde damals als echtes Schimpfwort benutzt.

1938, ein Jahr nach dem Jubiläum, wurden *Selbstbildnis* aus dem Jahre 1886 (Ill. S. 60) und *Mondschein* aus dem Jahre 1893 (Ill. S. 75) bei der Aukton über Harald Nørregaards Sammlung bei Wangs Kunsthandel erworben. Im gleichen Jahr wurde auch das Porträt *Der Maler Th. Torgersen*, vermutlich 1882 entstanden (Ill. S. 55) und *Roter Wilder Wein*, um 1900 (Ill. S. 94) von Holst Halvorsen gekauft. Im *Selbstbildnis* von 1886 begegnet uns ein sehr bewußtes Porträt eines jungen Künstlers, der sein erstes Hauptwerk schon vollendet hat: *Das kranke Kind*, und der es wagte, eigene Wege zu gehen, um eine adäquate Bildersprache für seine Erlebnisse und Gefühle zu finden. Das Porträt offenbart die Willensstärke, die der junge Munch besaß, und verrät die starke Persönlichkeit, die auch in seinen Hauptwerken aus jener Zeit erkennbar wurde.

Obwohl Munch von 1889 bis 1909 die meiste Zeit in Frankreich und Deutschland lebte, hielt er den Kontakt mit Norwegen durch seine jährlichen Sommeraufenthalte aufrecht. Von den Sommern und von seinen Aufenthalten in der Heimat holte er sich Inspiration für seine stimmungserfüllten Landschaftsschilderungen, in denen die norwegische Sommernacht einen so zentralen Platz einnimmt. In *Mondschein*, das im Sommer 1893 in Åsgårdstrand entstand, hat Munch die mystische Nachtstimmung auf eine einsame Frauengestalt projiziert, die im Mondschein vor einem dunklen Haus steht. Auch in diesem Gemälde vermittelt der Künstler Stimmung und Gefühlsinhalte durch eine synthetistisch geprägte Auffassung von Form, Linie und Farbe. Die tiefe, glühende Farbgebung, die wir in *Mondschein* und anderen Arbeiten dieses Sommers finden, verrät auch Munchs Bewunderung für die Arbeiten Arnold Böcklins.

Der Ankauf dieser beiden Gemälde im Jahre 1938 war der letzte wichtige Munch-Kauf in der Geschichte der Galerie. Vor Ausbruch des Krieges enthielt die Sammlung also 43 Arbeiten von Munch. Was später hinzukam waren Schenkungen und kleinere Ankäufe, und wir wollen die Entwicklung bis 1970 weiter verfolgen.

Im Jahre 1946 erhielt die Nationalgalerie das ganzfigurige Porträt von *Torvald Løchen*, 1918 entstanden (Ill. S. 109), als Vermächtnis von T. Løchen und Frau, und im Jahre 1950 vermachte der Kaufmann Alfred Larsen dem Museum das bezaubernde Bild *Der Märchenwald*, das um 1903 entstand (Ill. S. 99). Das Gemälde gehört zu einem von Munchs nicht realisierten Dekorationsprojekten «Die Märchenbilder», die erstmalig 1911 gesammelt im Dioramalokalet ausgestellt wurden. Die übrigen Gemälde aus der Serie befinden sich zum größten Teil im Munch-Museum.

Durch folgende Ankäufe wurde der Erwerb von Munch-Werken durch die Nationalgalerie abgeschlossen: *Aus Maridalen* von 1881 (Ill. S. 4) im Jahre 1958; *Studienkopf eines jungen Mädchens* von 1883 (Ill. S. 56), das Munch 1883 auf der Industrie- und Kunstausstellung in Kristiania gezeigt hatte und für das er seine erste Kritik in *Dagbladet* bekommen hatte, im Jahre 1964; und das Aquarell *Smedsbukten, Kragerø*, zwischen 1912-15 entstanden (Ill. S. 103), das 1967 gekauft wurde. Die Sammlung wuchs dennoch weiter.

In ihrem Testament von 1959 vermachten Charlotte und Christian Mustad der Galerie weitere zehn Munch-Gemälde. Diese wurden nach dem Tode von Christian Mustad im Jahre 1970 in die Sammlung aufgenommen. Die Stiftung bestand aus Gemälden, die in verschiedenen Perioden von Munchs Leben entstanden waren, und sie vervollständigten in beträchtlichem Maße die Sammlung des Museum. Die bedeutendsten Arbeiten waren *Der Kuß* (Ill. S. 72) und *Melancholie* (Ill. S. 73) beide aus dem Jahr 1892. Diese zwei Gemälde erweiterten außerdem die Präsentation der «Lebensfries»-Motive im Museum. *Der Kuß* ist eins der zentralen Liebesmotive des Frieses, ebenso wie *Melancholie*, das auf Erlebnissen und Eindrücken aus Munchs Sommeraufenthalt in Åsgårdstrand basiert, wo er Zeuge der Eifersuchtsqualen seines Freundes Jappe Nilssen wurde.

Die Schenkung enthielt weiterhin drei andere Gemälde aus den 90er Jahren: *Mondschein* aus dem Jahre 1895 (Ill. S. 84); *Akt einer Pariserin* aus dem Jahre 1896 (Ill. S. 89) und das Porträt von Dagny Juels Schwester *Frau Ragnhild Bäckström* aus dem Jahre 1894 (Ill. S. 83). Zwei kleine Schilderungen aus Munchs Elternhaus: *Der Bruder des Künstlers im Interieur* aus dem Jahre 1883 (Ill. S. 57), ein Bild, das Museum aus finanziellen Gründen 1929 nicht hatte erwerben können, und *Der Vater und die Schwester des Künstlers im Interieur* aus den Jahren 1884/85 (Ill. S. 62) gehörten ebenfalls zu Mustads Schenkung und repräsentierten einen Motivkreis, den das Museum bislang nicht besaß. Neue Wesenszüge und Motive in Munchs Kunst vermittelten auch die drei spätesten Gemälde aus der Schenkung: das porträt von *Frau Schwarz* aus dem Jahre 1905 (Ill. S. 100), das farbenstarke Bild *Kniender Akt* aus dem Jahre 1913 (Ill. S. 104) und *Arbeiter auf dem Heimweg* aus dem Jahre 1920 (Ill. S. 111). Mit dieser großzügigen Schenkung bleiben Charlotte und Christian Mustad die bedeutendsten Stifter von Werken Edvard Munchs an die Nationalgalerie.

Der Etat der Nationalgalerie läßt Ankäufe von Arbeiten Edvard Munchs nicht mehr zu. Die Zeit der großen Stifter scheint auch der Vergangenheit anzugehören. Das Museum ist den Behörden, den Initiatoren und großzügigen Stiftern früherer Zeiten zu großem Dank verpflichtet, daß es durch sie möglich wurde, unsere einzigartige Munch-Sammlung aufzubaunen.

Übersetzung von Marie-Louise Brüggemann

LA COLLECTION MUNCH DE LA GALERIE NATIONALE DE NORVÈGE

Aperçu historique

La Galerie Nationale de Norvège possède l'une des plus grandes collections de peintures d'Edvard Munch (1863-1944). Elle s'échelonne de ses tous premiers travaux à ceux de 1920. Au fil des années le musée est entré en possession, tant en achats qu'en dons, de 58 peintures dont deux grandes aquarelles. La collection comprend aujourd'hui 13 peintures des années 1880, 26 peintures des années 1890 (des oeuvres primordiales pour la plupart) et 19 toiles de notre siècle. L'artiste a donné en testament à la ville d'Oslo presque toute la production de ses dernières années et ces toiles sont maintenant au Musée de Munch.

La Galerie Nationale fut la première collection publique à acheter des peintures de Munch. Les tableaux achetés au fur et à mesure et les dons furent insérés dès 1890 dans la collection. Beaucoup d'autres furent acquis après l'arrivée en 1909 de Jens Thiis au poste de directeur du musée. Avec le peu de moyens financiers dont la Galerie a toujours disposé il aurait été impossible de réunir une collection aussi importante sans la généreuse intervention de divers donateurs. Aucun autre artiste norvégien n'a jamais autant inspiré la générosité des mécènes qu'Edvard Munch. Sur les 58 peintures de la collection, 36 sont des dons. Les grandes donations sont celles d'Olaf Schou de 1909 à 1915 et de Charlotte et Christian Mustad en 1937, et en 1959 par testament, les tableaux de ce dernier don ne rejoignirent la collection qu'en 1970.

Au Salon d'Automne de 1891, La Galerie Nationale acheta pour 200 couronnes norvégiennes son premier tableau de Munch, *Nuit à Nice* (ill. p. 70). Cette scène de nuit, pleine de nuances avait été peinte par Munch la même année, lors de son séjour en France. Aprés avoir habité quelques temps à Paris, Munch décida pour raison de santé de s'établir dans cette ville du sud où la nature et l'environnement lui inspirèrent quelques travaux assez fins dont la petite toile de la Galerie. Aujourd'hui cet achat nous semble prudent, à l'époque ce tableau parut audacieux, mais il fit de Munch un artiste reconnu. L'année précédente au Salon d'Automne, la Galerie Nationale s'était d'ailleurs fait remarquer par un autre achat audacieux, celui de Claude Monet, *Pluie, Etretat* (1886). C'était la première fois que Monet vendait une toile impressioniste à une collection publique.

Deux ans plus tard, en octobre 1893, le peintre Gerhard Munthe proposa sans succès à la direction de la Galerie, l'achat d'une autre peinture de Munch, *La Tempête*, terminée la même année (actuellement au Musée d'Art Moderne de New-York). Deux années s'écoulèrent avant que de nouveau la Galerie ne se décide à acquérir une nouvelle peinture de l'artiste. L'automne 1895, Munch proposa lui-même au musée les tableaux suivants: *Printemps, L'Enfant Malade, Autoportrait à la cigarette*, et *L'Aube*. Au moment du choix, Gerhard Munthe recommanda l'achat *de l'Autoportrait à la cigarette* de 1895 (ill. p. 82), et Andreas Aubert recommanda l'achat du *Printemps* de 1889. Le vote se fit uniquement sur la première toile qui fut achetée. Ce tableau venait tout juste d'être exposé à la Galerie Blomqvist où l'exposition de Munch avait fait scandale. Cette peinture parmi d'autres, fit l'objet des débats qui suivirent et fut désignée comme représentative de «l'anormal» dans l'art de Munch. Avec *l'Autoportrait à la cigarette*, peint à Berlin en 1895, nous nous trouvons devant le portrait d'un artiste qui a été déjà bien éprouvé et qui a vécu de nombreuses expériences. Munch avait tous les motifs principaux de sa «Frise de la vie» bien avancés quand il peignit cet autoportrait et avait montré à un public exigeant un art très personnel et extraordinairement vigoureux. En général sa peinture était considérée comme révolutionnaire car elle tranchait avec les règles et les normes de l'époque, mais déjà pour quelques uns il était un génie. En 1895, année de l'achat de l'*Autoportrait à la cigarette*, Monsieur Sørensen, inspecteur à la Cour des Comptes, remit également au musée *Le peintre Jørgen Sørensen* de 1885 (ill. p. 59) qui reflétait intensément la forme d'expression de Munch de ces années-là.

A cette époque, il était courant que les artistes présentaient eux-mêmes leur production à la Galerie Nationale. La direction choisissait ensuite. A l'automne 1897, Munch proposa à nouveau quelques peintures au musée. Il s'agissait cette fois de deux portraits de femmes ainsi que des portraits de Hans Jæger et de Gunnar Heiberg. Après vote, seul l'achat de *L'écrivain Hans Jæger* de 1889 (ill. p. 65) fut accepté. *Inger, la soeur de l'artiste* de 1892, fut refusée.

Par cet achat, le musée acquit l'un des plus importants portraits d'artiste de la fin des années 1880. L'année où elle fut peinte, la toile reprèsentant Hans Jæger, fit partie de la première exposition personelle de Munch au Foyer des Etudiants de Kristiania. Dans la critique plutôt mitigée qu'il avait fait de l'exposition, Andreas Aubert avait insisté sur le portrait de Jæger et l'avait trouvé très convaincant. Munch donne de son ami, alors figure dominante du milieu bohême de Kristiania, une description très pénétrante, Jæger ètant un homme déjà très marqué à cette époque.

Un peu avant Noël 1898, Munch présenta encore une fois à la Galerie sa grande peinture *Printemps* de 1889 (ill. p. 66), et le portrait en pied d'*Inger, la soeur de l'artiste* de 1892 (ill. p. 74). Le musée acheta cette fois-ci les deux tableaux et agrandit de cette façon sa collection Munch de deux oeuvres capitales. En 1889, *Printemps* avait fait partie de la première exposition indépendante de Munch et fut probablement la cause de l'attribution à Munch, d'une bourse nationale d'études pour une durée de trois ans à Paris (1889-1892). Dans *Printemps* Munch reprit le thème de *L'enfant malade* mais d'une manière plus traditionelle.

L'achat d'*Inger, le soeur de l'artiste*, était un apport important. En 1892, cette toile fit partie de l'exposition de Verein Berliner Künstler où les peintures de Munch firent un énorme scandale. «Harmonie en noir et violet» fut le premier titre du portrait d'Inger. En 1885, Munch brossa le portrait de son ami et collègue Karl Gustav Jensen-Hjell. La production de portraits en pied fut importante mais toujours de style changeant. L'idéal des années 1890 se trouvait déjà clairement formulé dans la toile représentant Inger. La source d'inspiration de Munch est le synthétisme français qui en simplifiant les volumes, les espaces, les lignes et les couleurs cherche à donner plus d'intensité à la forme d'expression. Au cours des discussions qui suivirent l'achat de ces deux peintures, on s'aperçut que *Printemps* était en mauvais état. Le prix d'achat des deux toiles (3000 crs.n.) fut voté à l'unanimitè, le prix des cadres étant compris. La Galerie se chargea de la restauration. En automne 1899, Munch demanda à la Galerie Nationale le remboursement de ses cadres (140.80 crs.n.!!). Celle-ci accepta à condition que cette somme soit déduite lors de l'achat d'une prochaine toile.

A la suite de cet accord, Andreas Aubert demanda au printemps 1901 que trois paysages de Munch soient pris en considération. Au début aucune décision ne fut prise, mais on chargea Aubert de discuter des prix avec Munch. La direction ne voulut pas s'engager à faire les transactions. Le peinture *L'hiver* (ill. p. 93) de 1899 faite à Nordstrand fut achetée à la fin des pourparlers. En 1899, Munch eut une très grand exposition à Hollændergaarden (Stortingsgaten 14). Le musée lui demanda d'envoyer quelques unes de ses toiles après l'exposition, afin de pouvoir juger d'un achat éventuel. Il y avait: *Nuit blanche, Le cri, Karl Johan le soir, Le lendemain, Clair de lune, Les jeunes filles sur le pont* et un motif du même genre que ce dernier. Le 25 octobre on évalua les tableaux mais rien ne fut décidé. Aubert et Th. Holmboe furent désignés pour décider des prix avec Munch et aussi d'un éventuel échange avec une ou plusieurs des peintures achetée précédemment. Aubert qui avait traité avec l'artiste, annonça quelques jours plus tard que Munch avait décidé de vendre au musée: *Nuit blanche* et *Les jeunes filles sur le pont*. Il avait également promis de ne pas céder *Le cri* à l'étranger mais de donner la préférence d'achat à la Galerie ou à Olaf Schou. L'acquisiton de *Nuit blanche* (ill. p. 95) peinte à Ljan en 1901 fut cette fois-ci, le seul résultat positif des transactions.

Dans les deux paysages *Nuit blanche* et *Hiver*, les sensations de Munch pour la nature sont formulées différemment des toiles précédentes. A la fin du siècle dernier Munch fit un effort pour donner un ton plus poétique à ses paysages hivernaux. Les surfaces, les couleurs, les lignes sont mieux rythmées. L'engagement exarcérbé, l'expérimentation fébrile des années 1890 ne se retrouvent plus dans ces deux toiles. On pense maintenant qu'elles sont classiquement paisibles et même contemplatives.

Après 1901, il fallut attendre plusieurs années pour que de nouvelles peintures soient ajoutées à la collection. Pourtant en 1904, Gustav Vigeland avait suggéré que l'on achète «Clair de lune», mais sa proposition resta sans appel. Dès sa première année au poste de directeur, Jens Thiis augmenta considérablement la collection. Il acheta en 1909, un nombre important de nouvelles toiles. D'autre part, le musée reçut sa première donation des mains du collectionneur et mécène Olaf Schou. En tout 12 peintures furent enregistrées.

En mars 1909, Blomqvist arrangea une rétrospective des oeuvres de Munch. Pour acheter des toiles à cette exposition, Jens Thiis dut se dépécher car la concurrence était grande et les peintures très démandées. Le collectionneur Rasmus Meyer de Bergen était l'un de ses plus grands adversaires. Le pouvoir d'achat de la Galerie avait encore diminué dans les années 1904-1907 car l'aile Sud du musée venait d'être construite. Jens Thiis comprit que son objectif le plus pressant était de s'assurer d'un budget important. En 1908, le budget de la Galerie était inférieur à celui du début du siècle. Le directeur ne disposait que de 9000 crs.n. pour ses achats d'art norvègien et les prix ne cessaient de monter. Jens Thiis demanda alors au Ministère de pouvoir recevoir 10.000 crs.n. de la Fondation Houen que le Département gérait. Il s'était engagé pour que Munch lui cède 5 de ses toiles les plus importantes pour cette somme, si l'affaire se concluait rapidement. Le Ministrère ne refusa pas, mais insista pour que l'achat se fit avec l'accord d'un comité d'artistes. Même si la réorganisation des services administratifs de la Galerie Nationale était établie, une solution définitive relative à la composition des comités d'achat faisait toujours l'objet de discussions entre l'association des artistes et le Ministère. Certains milieux et notamment Le comité des Artistes Peintres avec Christian Krohg à sa tête, contrecarra la solution de Jens Thiis pour des raisons de pure formalité. D'autre part, dans le milieu artistique on convoitait la reconnaissance qu'un achat d'une telle importance accordait à Munch. Le Ministère dut choisir entre, agir seul sur le conseil du directeur ou laisser passer l'occasion. Heureusement, il choisit la première solution et nomma à temps un comité d'achat pour que Munch tienne sa promesse.

Jens Thiis avait demandé l'achat de: *Nuit étoilée, Le vampire, Puberté* et *Le français*. Finalement, le comité choisit: *Le lendemain* (ill. p. 81) et *Puberté* (ill. p. 80), ces deux toiles peintes en 1894–95 à Berlin reprenaient des motifs de 1880; *Cendre* de 1894 (ill. p. 79); *Le Français* de 1901? (ill. p. 96) et *Sur la véranda* de 1902 (ill. p. 98). Par cet achat, Jens Thiis assura à son musée la possession de deux importantes toiles: *Le lendemain* et *Puberté*, version 1890. Pour la première fois, en 1902, Munch exposa en entier sa «Frise de la Vie» au Berliner Secession; *Cendre* y tenait une place prépondérante parmi les autres motifs qui traitaient de l'évolution des sentiments amoureux. On peut dire que ces trois peintures sont les meilleurs exemples de l'épanouissement du style symbolique de Munch des années 90. La toile, *Le Français* (Marcel Archinard) compléta fort bien la collection de portraits. La peinture charmante des deux fillettes de dos, de *Sur le véranda*, peinte à Åsgårdstrand, apportait une note nouvelle, c'est à dire l'une des toiles les plus colorées de Munch des toutes premières années 1900. En 1903, *Sur le véranda* avait été également exposée au Salon des Indépendants à Paris, sous le titre «La Pluie».

L'achat d'autant de toiles et ce du même artiste venant de Blomqvist était sans précédent au musée. Jens Thiis critiqué à cause de cet achat fut obligé, après de violentes attaques de la presse, de s'expliquer (*Verdens Gang* 31.3. et 2.4.1909).

Presqu'en même temps, le collectionneur et mécène Olaf Schou fit au musée une offre exceptionelle. Depuis longtemps, on savait dans le milieu artistique que Schou destinait son immense collection d'art norvégien à la Galerie Nationale. Sa proposition arriva à un moment propice. Ce printemps là, Jens Thiis travaillait à la réorganisation et au nouveau montage des collections. Schou lui proposa de choisir dans son importante collection les toiles qui pouvaient l'intéresser. Parmi les 116 tableaux que Thiis choisit, sept étaient de Munch: *L'enfant malade*, peint en 1896, à Paris (en 1931 on l'échangea contre la première toile du même sujet de 1885–86. Voir T. Skedsmo «Polémique à propos de L'enfant malade», *Kunst og Kultur*, Oslo 1985, p. 184-195) (ill. p. 61). D'autre part, *Clair de lune à Nice* de 1891 (ill. p. 71); *La Madonne* de 1894–95 (ill. p. 77); *Jeune fille se lavant* peinte en 1896, à Paris (ill. p. 88); *Mère et fille* peinte vers 1897 à Åsgårdstrand (ill. p. 90); *Les jeunes filles sur le pont* de 1901 (ill. p. 97) et *Etude pour un portrait* de 1887 (ill. p. 64).

Les acquisitions faites chez Blomqvist et la donation de Schou donnèrent un aperçu plus complet des travaux de Munch. La «Frise de la Vie» fut complétée par le motif central de *La Madonne* donnée par Mr. Schou, et la deuxième version de *L'enfant malade* est un complément de valeur. Avec *Jeunes filles sur le pont* l'ensemble des peintures de la fin du siècle prit plus d'importance. Par rapport au paysage hivernal, *Nuit Blanche* traduit d'une autre manière les impressions de Munch à la même époque. On y retrouve des intentions décoratives. Le lyrisme de cette muit d'été nous montre que Munch réunit maîtrise formelle et expression poétique de la nature. La toile subtile *Clair de lune à Nice* fut placée à coté d'une autre scène de nuit, peinte dans le sud de la France à la même époque. Les nouvelles impulsions ressenties par l'artiste à Paris en 1896–97 sont nettes dans *Mère et fille*. L'effet décoratif et stylisé de cette peinture nous rappelle ses essais aux techniques de la gravure, surtout sur bois. Le tableau charmant *Jeune fille se lavant* peint à Paris en 1896, et la petite toile *Etude pour un portrait* du modèle Betzy Nielsen que Munch avait également employé dans *L'enfant malade*, sont des contributions précieuses.

L'année suivante, la Galerie Nationale reçut en don de Schou trois peintures centrales: *Le cri* de 1893 (ill. p. 76), *La mort dans la chambre de la malade* vers 1893 (ill. p. 78) et *La danse de la Vie* datée 1899–1900 (ill. p. 91). Ceci assurait au musée un ensemble de toiles des années 90 qu'aucune autre galerie ne possédait à l'époque. Schou avait acheté ses trois peintures lors de l'exposition Munch présentée à Dioramalokalet (la salle du Diorama). Jens Thiis, intermédiaire enthousiaste entre l'artiste et le collectionneur, fit tout pour que Schou achète ces peintures et les donne au musée.

Dès 1901, *Le cri* avait été réservé pour le collectionneur ou la Galerie Nationale. Le coloris expressioniste, les lignes et les formes en mouvement permirent à Munch d'exprimer plus clairement son angoisse. Ce motif fait partie de la «Frise de la Vie». Les évènements marquants de la vie de Munch ont servis de point e départ à la représentation des motifs de la «Frise de la Vie». Par example, dans *La mort dans la chambre de la malade* Munch a repracé un souvenir d'enfance lié à la maladie et à la mort de sa jeune soeur. Cette peinture caractérise le mieux les rapports de Munch avec le synthétisme et le symbolisme. *La danse de la Vie* fut momentanément le dernier grand motif lié à la «Frise de la Vie». En été 1899, Munch fit un voyage en Italie, où il étudia l'art monumental de la Renaissance. Il revint en Norvège avec la ferme intention de créer un art décoratif sur grands formats. Dans les années qui suivirent ce séjour, il peignit toute une série de grandes toiles dont *La danse de la Vie*. Le symbolisme et le style simplifié font de cette toile une oeuvre importante.

Ces achats et ces dons successifs en 1909 et 1910, qui comprenaient les principales oeuvres des années 1880 et 1890, étaient le noyau de la collection. Munch était à 47 ans, l'artiste le plus representé parmi ses contemporains à la Galerie avec 22 peintures. Jens Thiis pouvait en être fier, mais la collection ne cessa de s'agrandir.

En 1912, l'historien de l'art Julius Meier-Graefe, éditeur énergique du magazine d'art *Pan* donna au musée son portrait peint par Munch en 1895 (ill. p. 86). Les deux hommes se connaissaient depuis leur rencontre à Berlin en 1893 et se retrouvèrent à Paris plus tard. Julius Meier-Graefe était un grand admirateur de la peinture de Munch. Il avait en 1895 fait imprimé par sa maison d'édition une série de gravures et avait signé la préface du recueil.

En 1915, Olaf Schou acheta *Plein été* (ill. p. 105) de la même année chez Blomqvist. Schou étant à l'étranger, la toile fut donnée directement à la Galerie Nationale. *Plein été* fut peint à Hvitsten où Munch avait acheté en 1910 une ferme: Nedre Ramme. Bien que ses motifs d'hiver soient toujours de Kragerø, Munch s'inspira des scènes de bains de l'été à Hvitsten et en fit une série de peintures d'hommes et de femmes nus dans un soleil resplendissant. En vue d'un éventuel achat, on apporta *Nuit à St. Cloud* (ill. p. 68) de 1890 au musée. Elle fut finalement achetée en 1917 après de fastidieux pourparlers. Elle indique un changement chez Munch et ceci de plusieurs manières. C'est une introduction à sa peinture symbolique des années 1890. *Nuit à St. Cloud* fut peinte dans ce village français où Munch résida avec l'écrivain symbolique danois Emanuel Goldstein.

En 1921, *Les fruits de la terre (Fécondité)* de 1898, fut proposée au musée pour la somme de 20.000 crs.n. Cette peinture avait appartenu à Max Linde de Lübeck. La Galerie ne pouvait se permettre une transaction si couteuse. A la place, on fit l'acquisition du petit *Autoportrait* de l'artiste de 1905 (ill. p. 101); et l'inspecteur des Douanes Woxen fit don d'un paysage raffiné, de petite dimension: *Pré fleuri*, de l'été 1887 (ill. p. 63).

En 1927, la Galerie Nationale dut vider ses salles du premier étage pour accueillir une rétrospective des oeuvres de Munch. Elle se composait de 300 peintures, dessins, gravures et aquarelles qui avaient déjà été proposées au public de Berlin la même année. Ce fut un succès sans précédent dans l'histoire du musée. Il y eut 31.000 entrées et on vendit 9.000 catalogues. En guise de remerciement Munch donna à la Galerie son oeuvre monumentale, *Homme au bain* de 1918 (ill. p. 108). C'était le premier grand ouvrage de cette période qui fut offert à la Galerie Nationale reflétant ainsi le souhait commun de représenter les travaux de Munch ultérieurs à la période de 1880 et 1890.

Six ans plus tard, en 1933 le musée acheta un tableau impressionniste haut en couleurs, peint à Paris en 1891, *Rue Lafayette* (ill. p. 69). On sait que la période impressionniste de Munch fut brève. Avec *Rue de Rivoli* (au Fogg Art Museum de Cambridge, Etats Unis) cette toile représente un échec évident mais en même temps une volontré de rupture de Munch avec l'impressionnisme. En 1935, un ami de Munch de vieille date, l'avocat de la Cour Suprême, Harald Nørregaard, fit don au musée du portrait de sa femme *Aase Nørregaard* de 1895 (ill. p. 87) et du double portrait de *Aase et Harald Nørregaard* de 1899 (ill. p. 92). Ces deux tableaux étoffèrent la collection des portraits de la Galerie.

En 1937, la Galerie Nationale fêta son centième anniversaire. A cette occasion Charlotte et Christian Mustad donnèrent 7 peintures. Lorsque le musée ouvrit ses portes, le 29 avril, après la réfection de la cour interne Sud, le public put admirer ces nouvelles toiles dans une magnifique salle neuve. Le dernier don des Mustad comprenait: *Inger, la soeur de l'artiste* de 1884 (ill. p. 58), *Garçons se baignant* vers 1895 (ill. p. 85) et *Deux nus* de 1905 (ill. p. 102); mais surtout les quatre grands travaux monumentaux de 1915–20. Des toiles importantes de cette période le musée ne possédait que *Homme au bain*, donné par Munch en 1927. La collection s'enrichit alors de *L'hiver sur le fiord*, peint en 1915 (ill. p. 106), l'un des nombreux tableaux d'hiver de Kragerø où Munch a saisi dans son essentiel la nature norvégienne. Furent également donnés: le vigoureux *L'homme au champs* peint en 1916 (ill. p. 107), au cours du premier été à Ekely, *L'attelage* de 1919 (ill. p. 110) et le portrait saisissant, fort et intransigeant *Autoportrait, durant la grippe espagnole* de la même année (ill. p. 112). Ces quatre travaux donnèrent une nouvelle dimension à la collection. Ils montrent comment le peintre du siècle maîtrise hardiment son pinceau, les grands formats un coloris violent et son attachement à la nature. Ces nouveaux traits n'étaient pas encore clairement exprimés. Même si par le nombre la collection Munch du musée est surtout représentative de son oeuvre du siècle dernier, ce furent ces nouvelles toiles, dont *Homme au bain*, qui donnèrent à la collection une image exacte et puissante de la production de l'artiste après 1910 et jusqu'en 1920.

Les toiles suivantes: *Garçons se baignant* de 1895, *Deux nus* de 1905 et surtout *Inger, la soeur de l'artiste* de 1884, furent reçus avec gratitude. Cette dernière avait été accrochée à l'Exposition Universelle d'Antwerpen en 1885. A Oslo, au Salon d'Automne de 1886, elle fut critiquée par un journaliste d'*Aftenposten* qui trouva à cette dame en noir des ressemblances avec Louise Michel. Celle-ci était une anarchiste et féministe française et on utilisait son nom comme juron à cette époque.

En 1938, l'année qui suivit le centennaire, on acheta aux enchères à la Galerie Wang: *Autoportrait* de 1886 (ill. p. 60) et *Clair de lune* de 1893 (ill. p. 75). Ces deux toiles avaient fait partie de la collection Harald Nørregaard. La même année, furent achetées: le portrait du *Peintre Th. Torgersen*, peint en 1882 (ill. p. 55) et *Vigne-vierge rouge* de 1900 (ill. p. 94) à la Galerie Holst Halvorsen. Dans cet *Autoportrait* de 1886 nous voyons un jeune artiste qui fait de lui-même un portrait convainquant. Il a déjà peint *L'enfant malade* et ose développer un style proche de ses expériences et ses sentiments personnels. Ce portrait témoigne de la force de volonté du jeune Munch et d'une personnalité puissante. Il en est de même des autres toiles de cette période.

Bien que Munch résidait en France et en Allemagne la plupart du temps de 1889 à 1909, il revint régulièrement chaque été en Norvège. De ces séjours dans son pays natal, il s'inspira pour peindre des paysages nuancés sur les nuits de l'été norvégien. Dans *Clair de lune*, peint à Åsgårdstrand en été 1893, Munch a projeté sa perception un peu mystique de la nuit sur une silhouette de femme qui se tient debout au clair de lune, devant une maison, dans l'ombre. Cette peinture est également traitée par des couleurs, un dessin et des volumes à tendance nettement synthétique qui rendent bien l'ambiance et les sentiments de l'artiste. Le coloris sombre et retenu de *Clair de Lune* et d'autres toiles du même été, montrent l'admiration de Munch pour la peinture d'Arnold Böcklin.

Ces deux tableaux achetés en 1938 furent la dernière importante transaction de la Galerie. Peu avant le début de la dernière Guerre Mondiale, la collection comprenait 43 peintures de Munch. Par la suite seuls des dons et des achats mineurs la complétèrent. Suivons jusqu'en 1970 l'historie de la collection.

En 1946, la Galerie Nationale reçut par leg testamentaire de Monsieur et Madame Løchen, le portrait en pied du préfet *Torvald Løchen*, peint en 1918 (ill. p. 109). En 1950 Alfred Larsen, négociant, fit don au musée également par testament, de *La fôret enchantée* de 1903 (?) (ill. p. 99). Cette charmante peinture faisait partie d'un projet de décoration qui n'a jamais été réalisé. Elle a été exposée pour la première fois dans Dioramalokalet (la salle du Diorama) en 1911. Le reste de la série est au Musée de Munch.

Les derniers achats faits par la Galerie Nationale, comprenaient les peintures suivantes: en 1958, *Vue de Maridalen* daté de 1881 (ill. p. 4) et en 1964, *Etude de tête de fillette* datée de 1883 (ill. p. 56). Munch avait exposé cette peinture au salon des Arts et Métiers à Kristiania la même année et reçu alors sa première critique au journal *Dagbladet.* En 1967, on acheta l'aquarelle *Smedsbukten, Kragerø*, peinte vers 1912–1915 (ill. p. 103). Cependant la collection s'agrandit encore.

En 1959, Charlotte et Christian Mustad léguèrent à nouveau dix peintures à la Galerie. En 1970, elles furent ajoutées à la collections à la mort de Christian Mustad. Cette donation comprend des tableaux de différentes périodes mais complète admirablement la collection. *Le baiser* (ill. p. 72) et *Mélancolie* (ill. p. 73), tous deux d'importants travaux de 1892, donnèrent à la présentation des motifs de la «Frise de la vie» une nouvelle dimension.

La donation comprenait en outre, trois toiles des années 1890: *Clair de lune* de 1895 (ill. p. 84); *Modèle parisien* de 1896 (ill. p. 89) et le portrait de la soeur de Dagny Juel, *Ragnhild Bäckström*, d'environ 1894 (ill. p. 83). Deux scènes descriptives de la maison d'enfance de Munch faisaient aussi partie de la donation Mustad et représent un genre que le musée ne possédait pas. C'étaient: *Intérieur avec le frère de l'artiste* de 1883 (ill. p. 57), que le musée n'avait pas pu acheter en 1929 faute d'argent, et *Intérieur avec le père et la soeur de l'artiste* de 1884–85 (ill. p. 62). Les trois derniers portraits traitaient aussi de motifs nouveaux: le portrait de *Mme. Schwartz* de 1905 (ill. p. 100), le très coloré, *Femme agenouillée* de 1913 (ill. p. 104) et le *Retour des ouvriers* de 1920 (ill. p. 111). Charlotte et Christian Mustad resteront pour le musée les plus grands donateurs des oeuvres de Munch.

La Galerie Nationale ne dispose plus d'un budget qui lui permette d'acheter des oeuvres de Munch. Le temps des généreux mécènes semble appartenir au passé. Le musée remercie les fonctionnaires entreprenants et les généreux donateurs d'autrefois, de leur avoir permis d'assembler une collection unique des peintures de Munch.

Traduit par Antoinette Schamaun

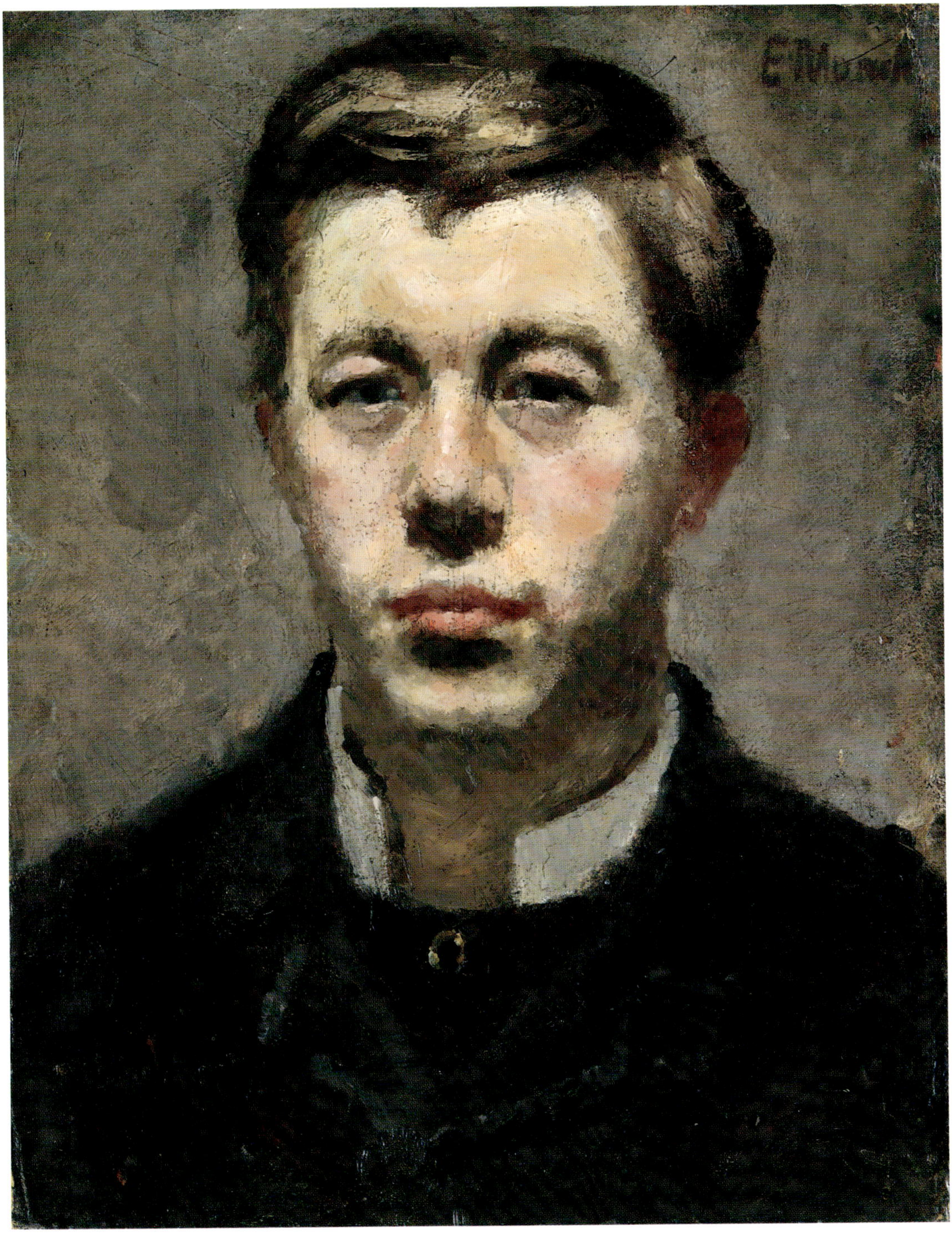

MALEREN TH. TORGERSEN, ant. 1882; 36,5 × 28 cm.
The painter Th. Torgersen. Le peintre Th. Torgersen. Der Maler Th. Torgersen.

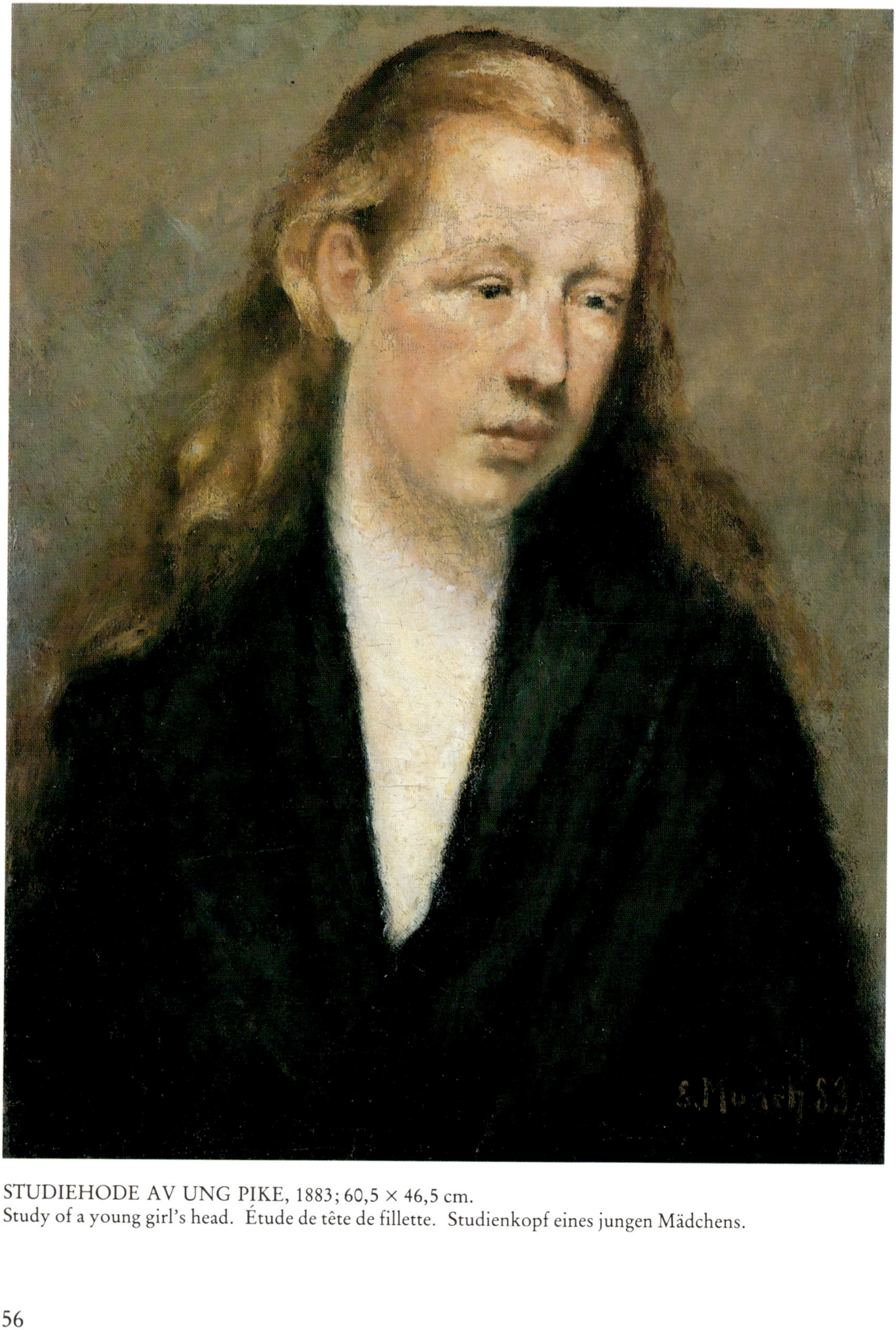

STUDIEHODE AV UNG PIKE, 1883; 60,5 × 46,5 cm.
Study of a young girl's head. Étude de tête de fillette. Studienkopf eines jungen Mädchens.

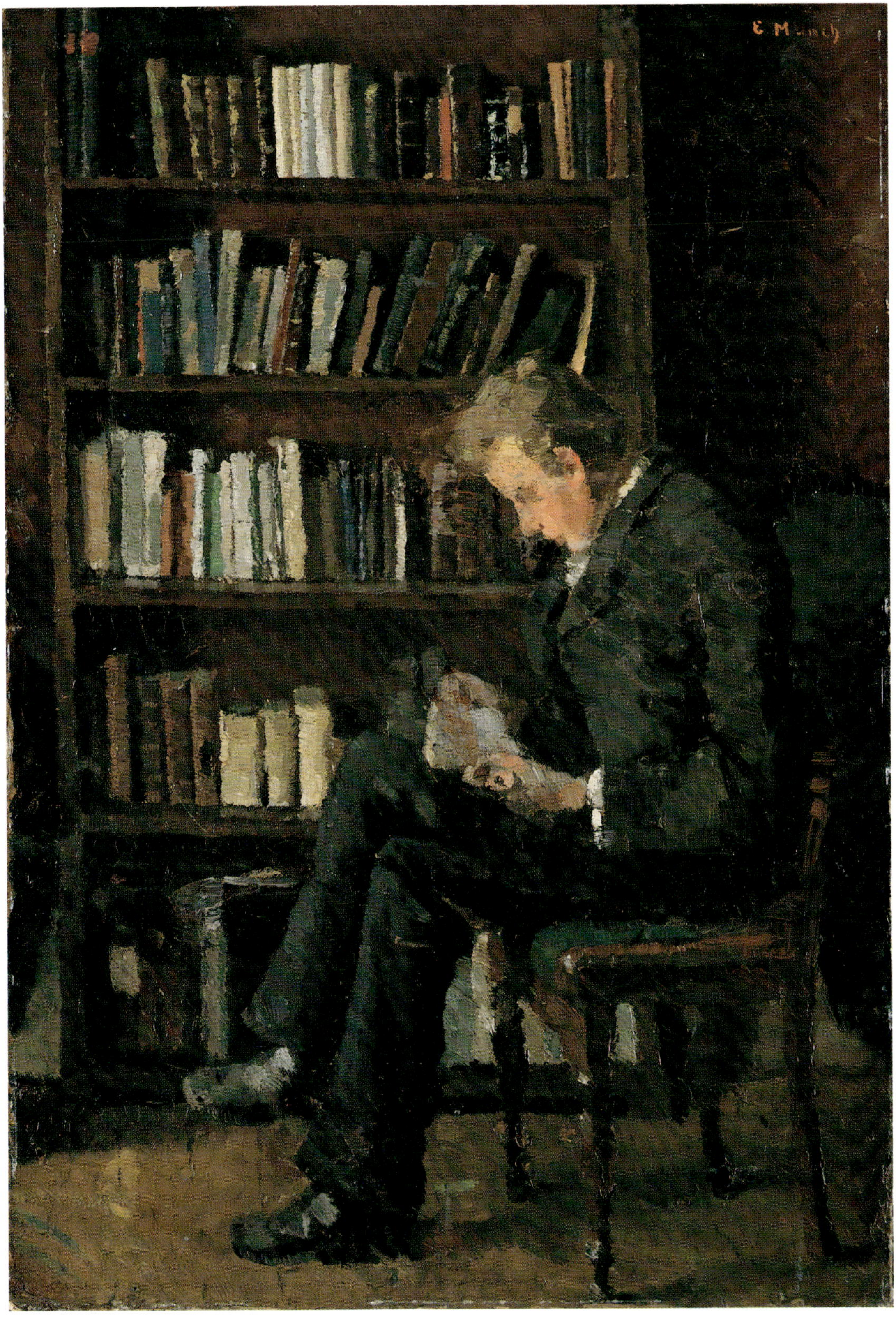

KUNSTNERENS BROR I INTERIØR, 1883; 51,5 × 35,5 cm.
Interior with the artist's brother. Intérieur avec le frère de l'artiste. Der Bruder des Künstlers im Interieur.

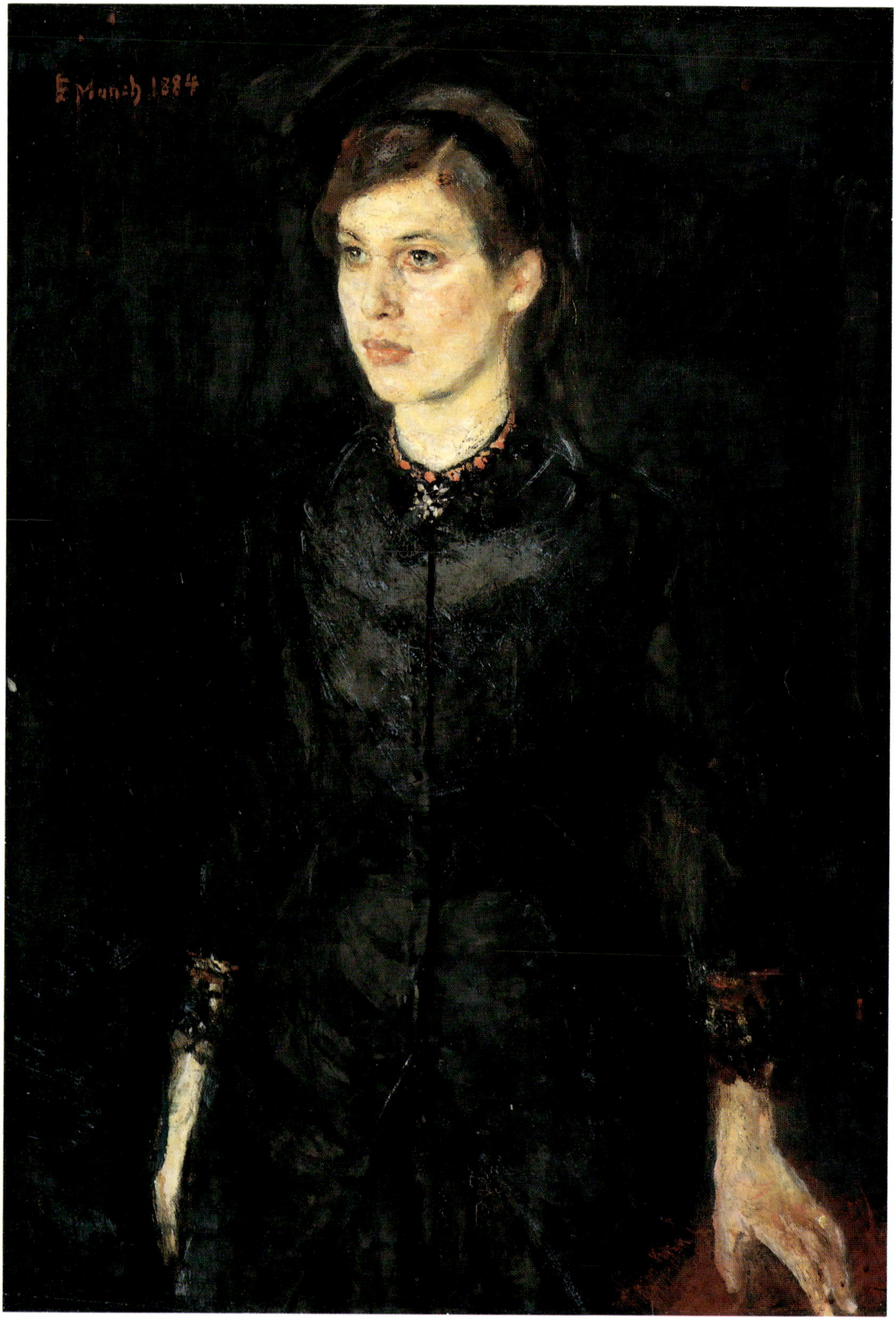

KUNSTNERENS SØSTER INGER, 1884; 97 × 67 cm.
The artist's sister, Inger. Inger, la soeur de l'artiste. Inger, die Schwester des Künstlers.

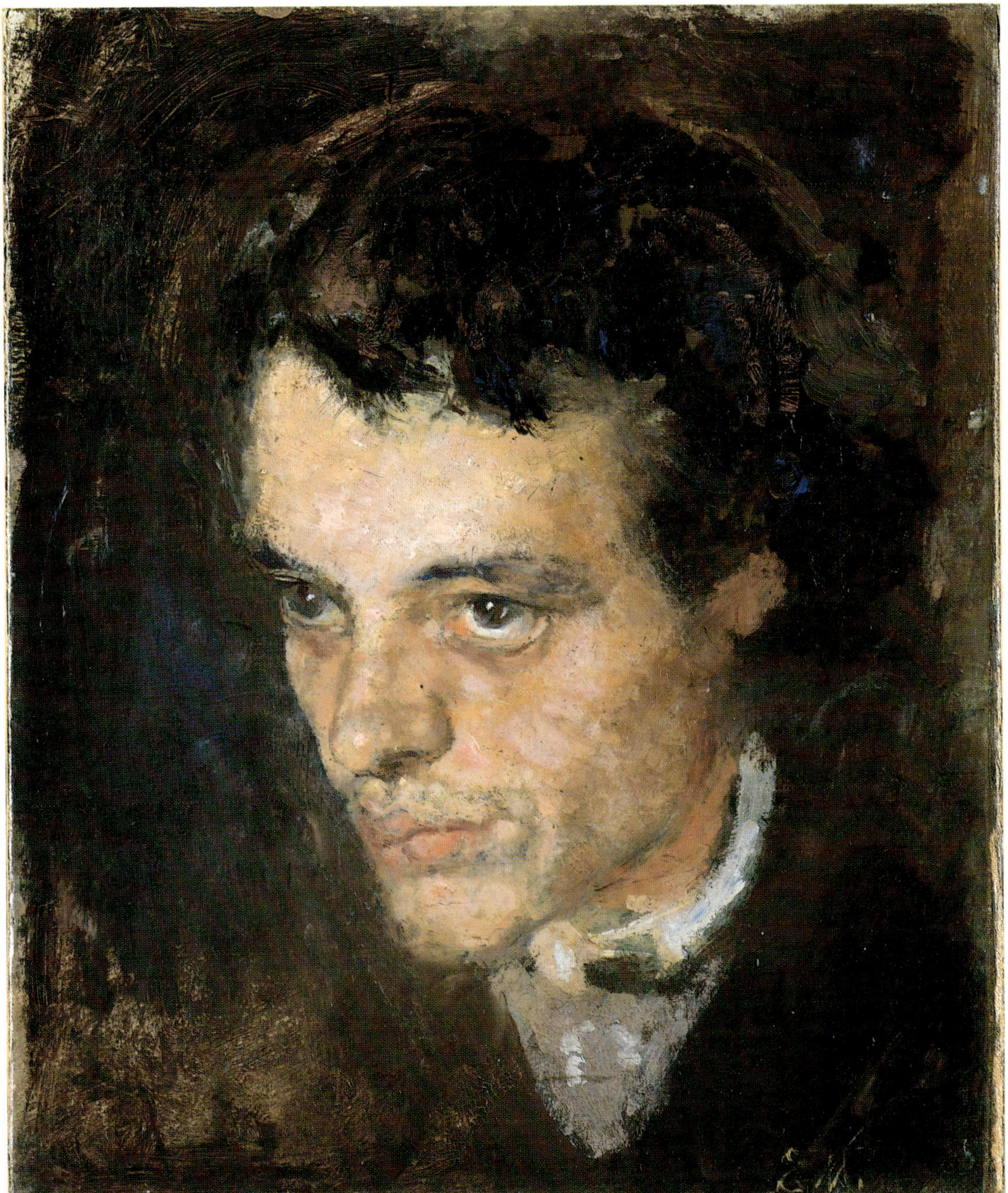

MALEREN JØRGEN SØRENSEN, 1885; 36 × 31 cm.
The painter Jørgen Sørensen. Le peintre Jørgen Sørensen. Der Maler Jørgen Sørensen.

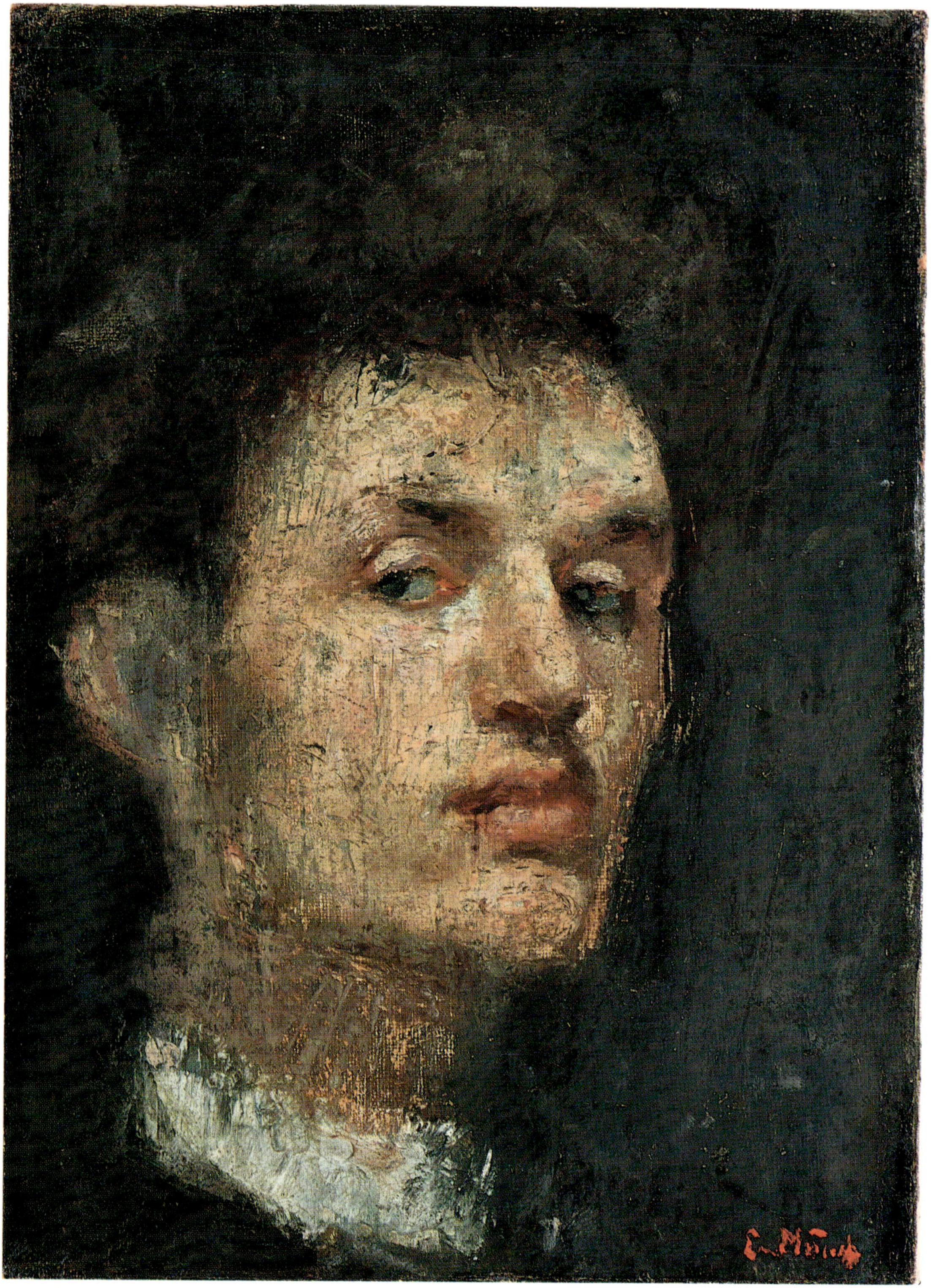

SELVPORTRETT, 1886; 33 × 24,5 cm.
Self-portrait. Autoportrait. Selbstbildnis.

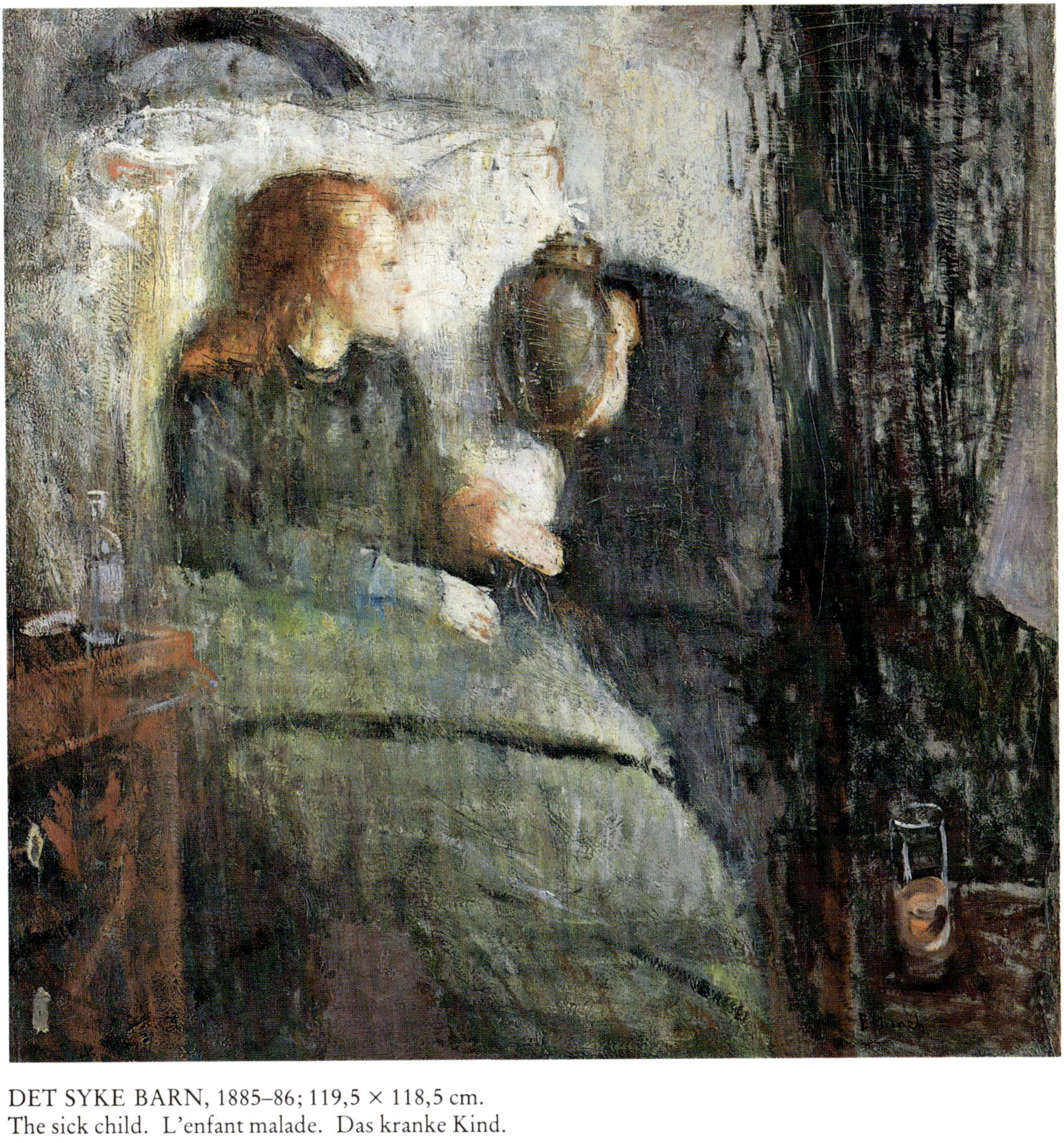

DET SYKE BARN, 1885–86; 119,5 × 118,5 cm.
The sick child. L'enfant malade. Das kranke Kind.

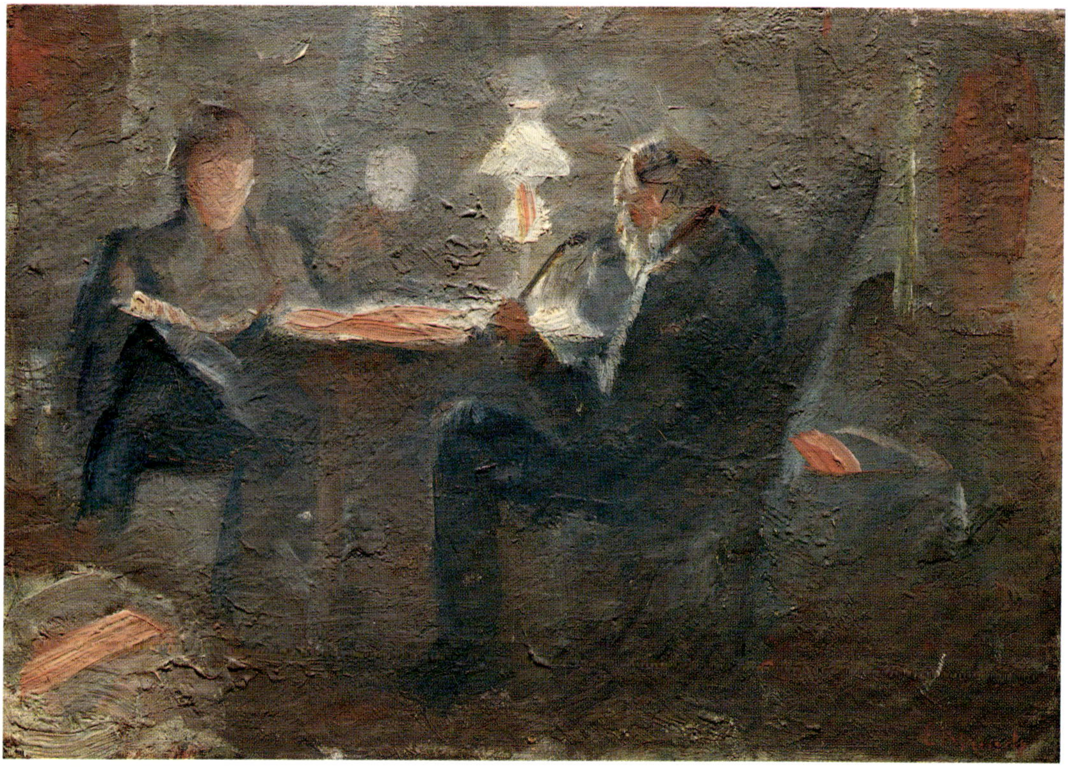

KUNSTNERENS FAR OG SØSTER I INTERIØR, 1884/85; 27 × 39,5 cm.
Interior with the artist's father and sister. Intérieur avec le père et la soeur de l'artiste.
Der Vater und die Schwester des Künstlers im Interieur.

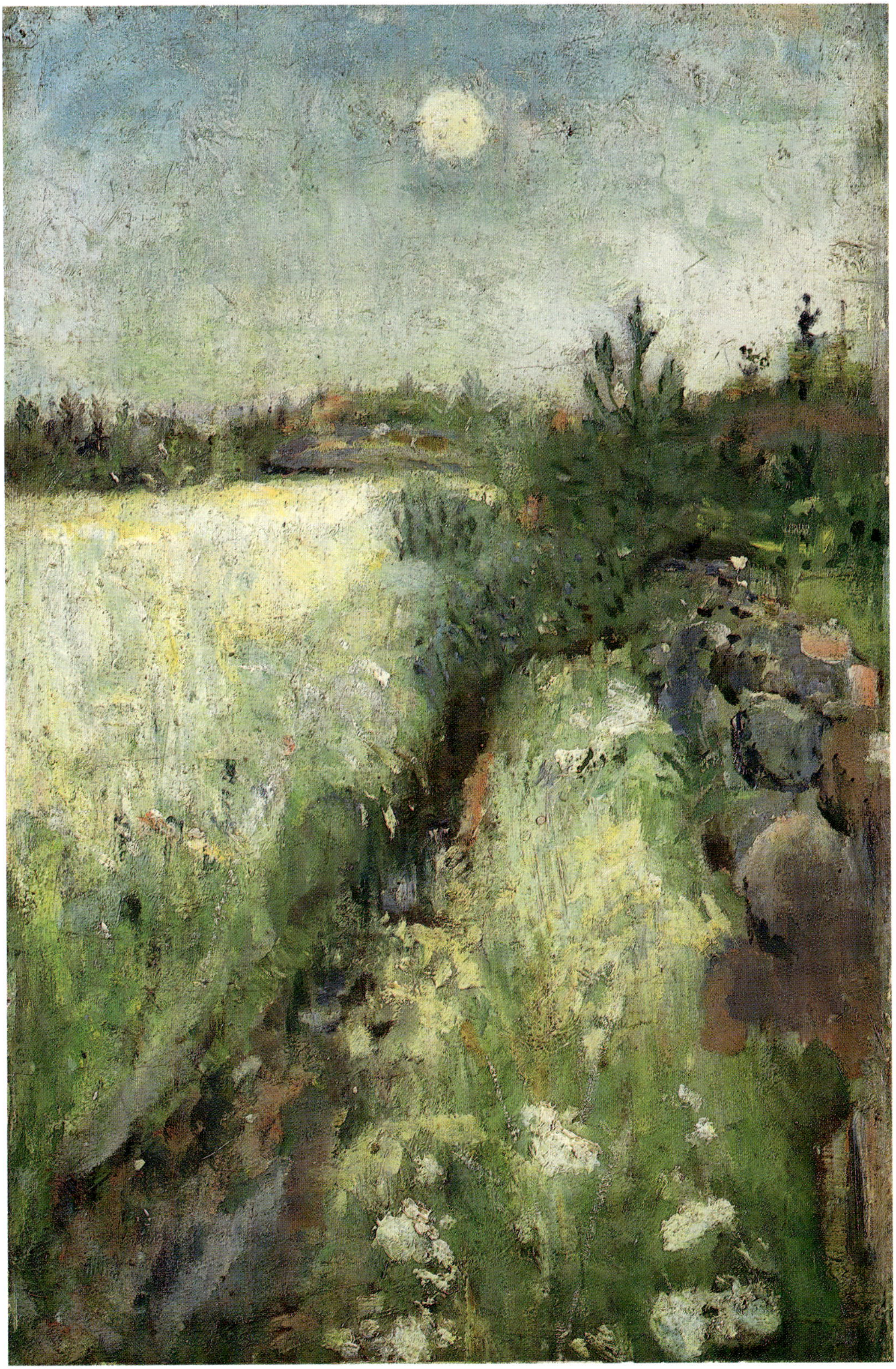

BLOMSTERENG, VEIERLAND, 1887; 66,5 × 44 cm.
Flower Meadow, Veierland. Pré fleuri, Veierland. Blumenwiese, Veierland.

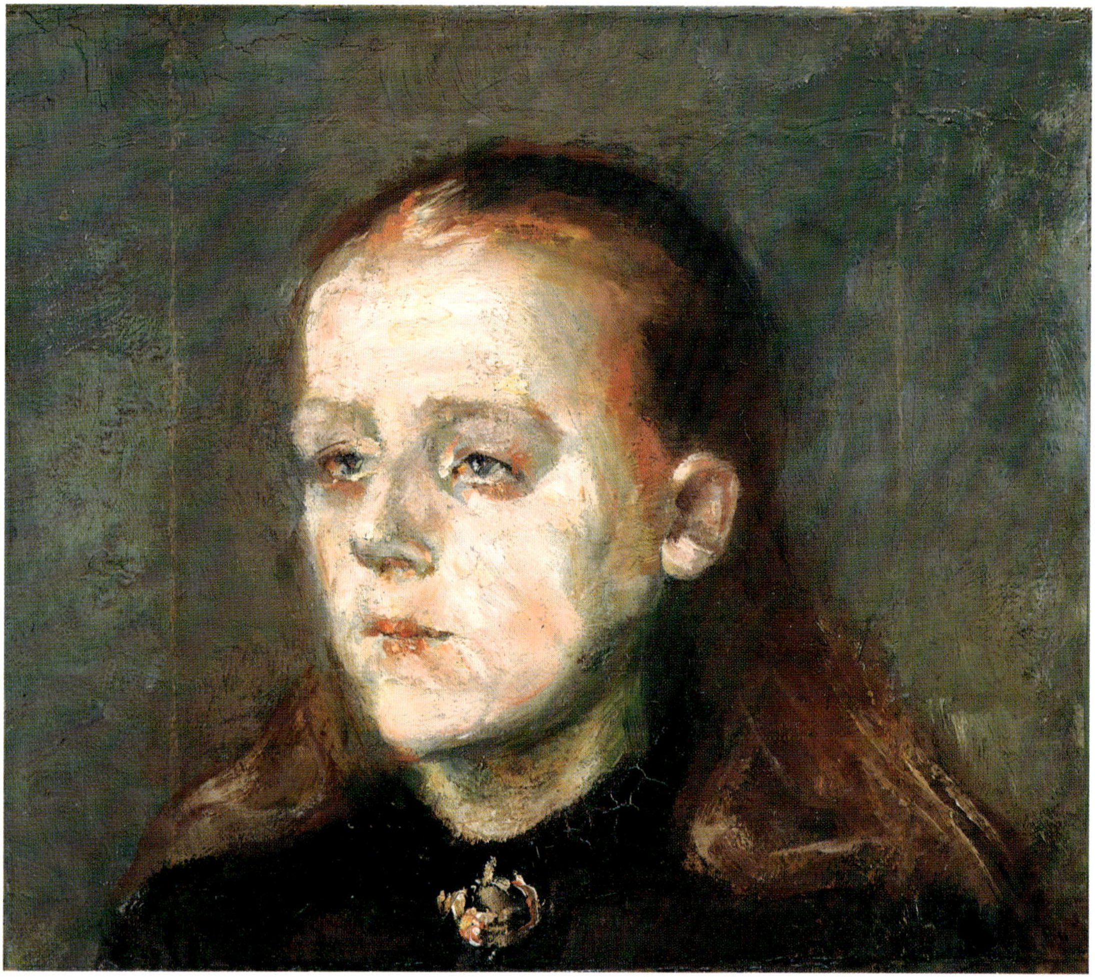

PORTRETTSTUDIE, 1887; 25,5 × 29 cm.
Study for a portrait. Étude pour un portrait. Porträtstudie.

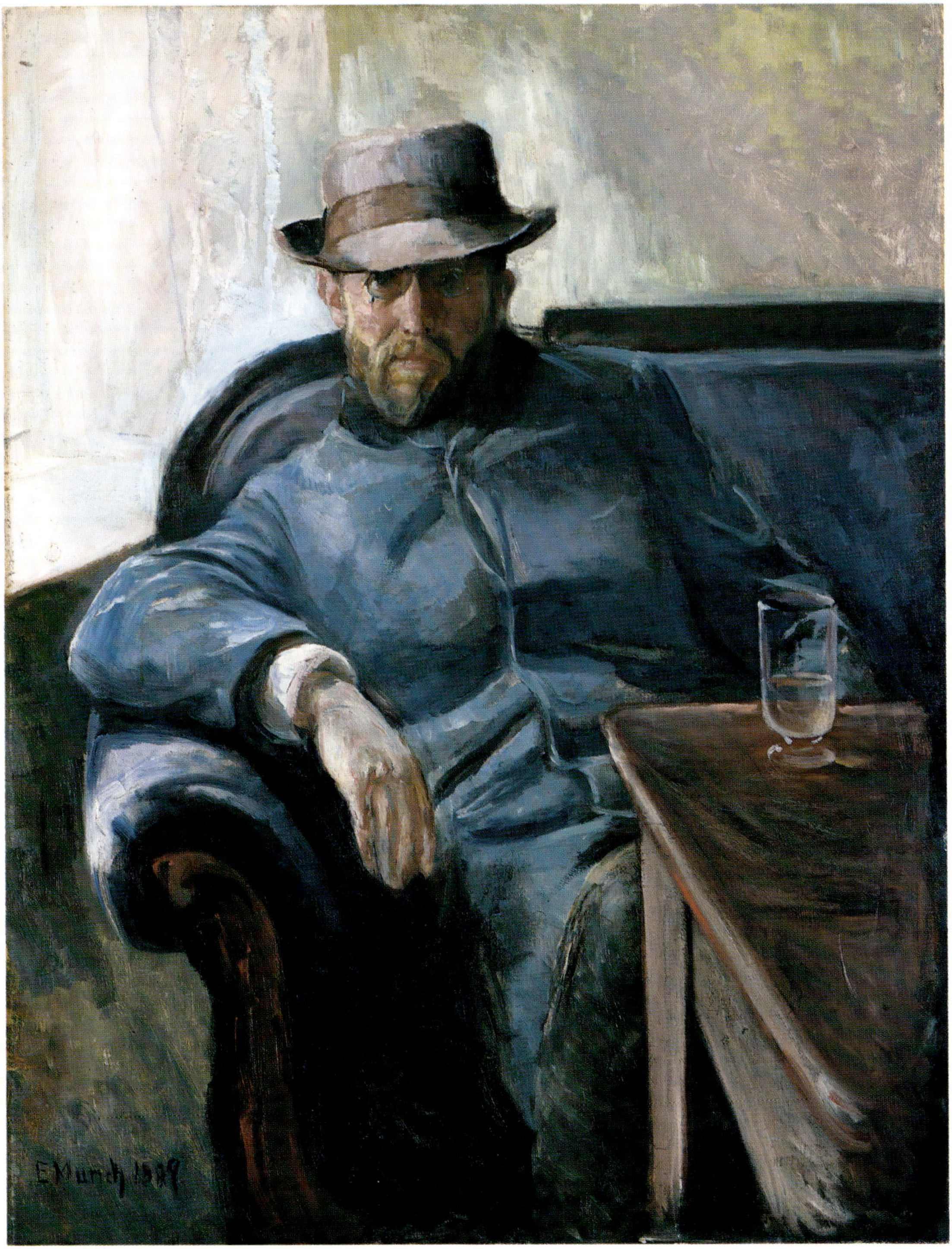

FORFATTEREN HANS JÆGER, 1889; 109,5 × 84 cm.
The author Hans Jæger. L'écrivain Hans Jæger. Der Schriftsteller Hans Jæger.

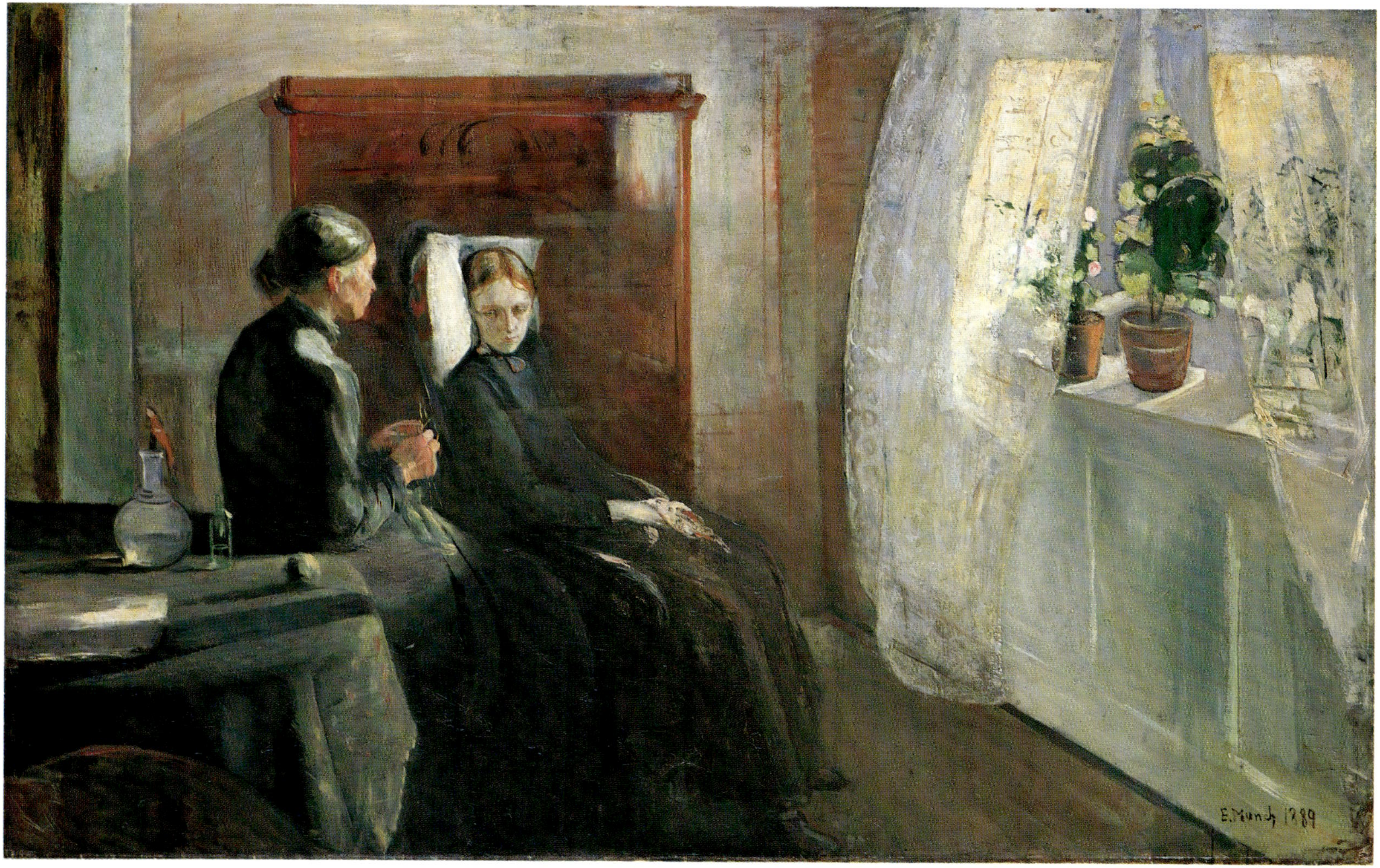

VÅR, 1889; 169 × 263,5 cm. Spring. Printemps. Frühling.

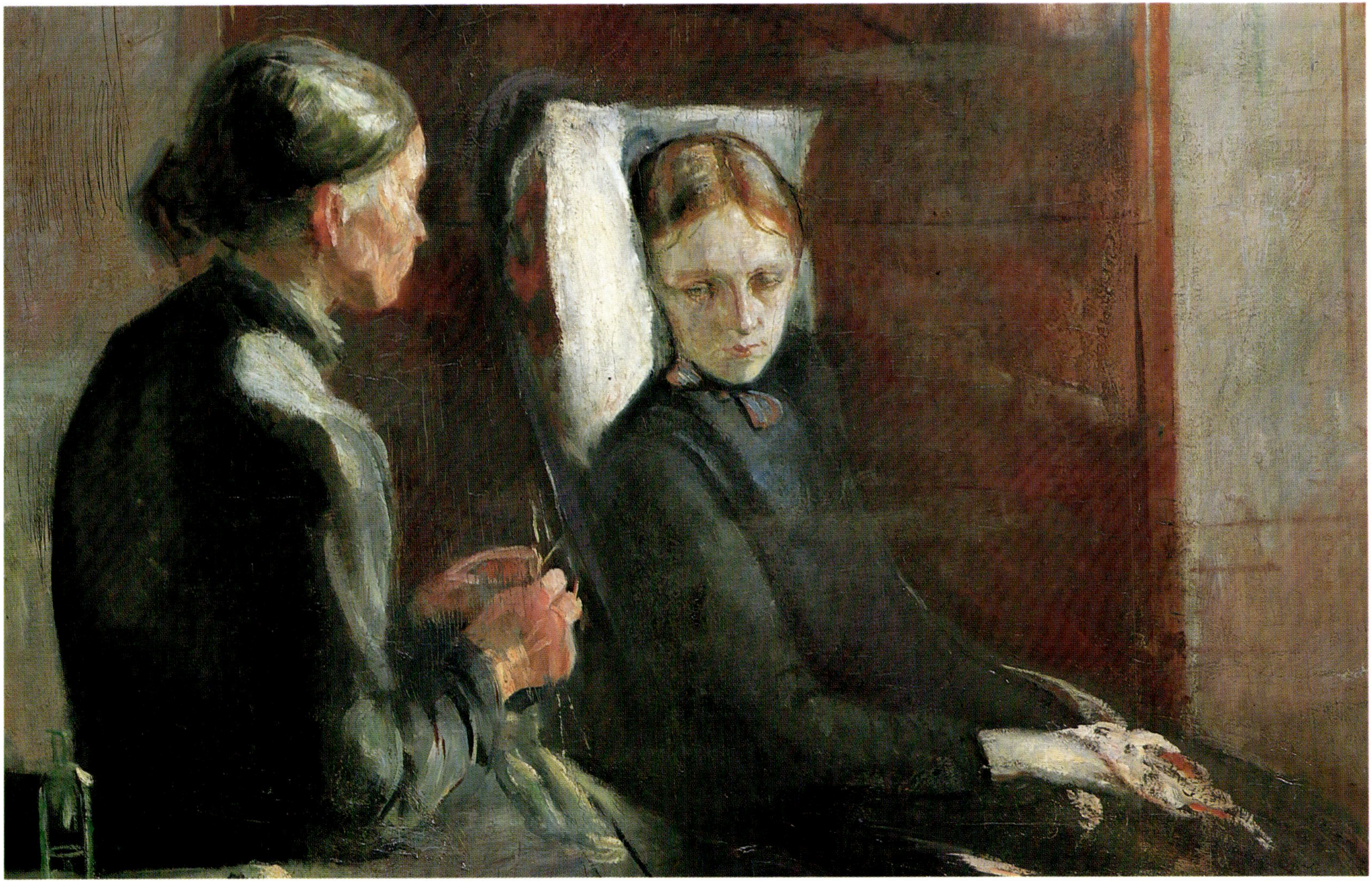

VÅR, detalj. Spring, detail. Printemps, détail. Frühling, detail.

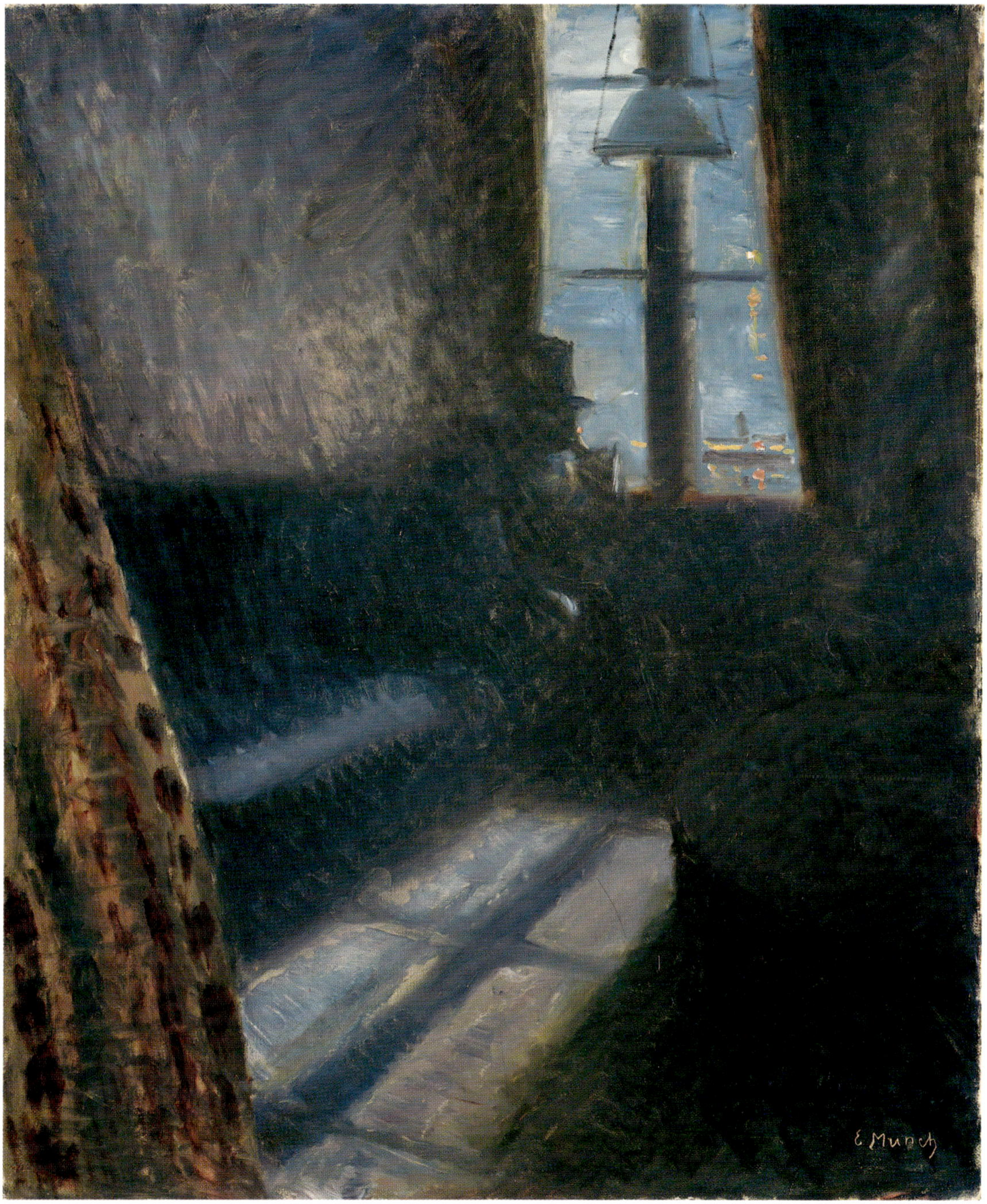

NATT I ST. CLOUD, 1890; 64,5 × 54 cm.
Night in St. Cloud. Nuit à St. Cloud. Nacht in St. Cloud.

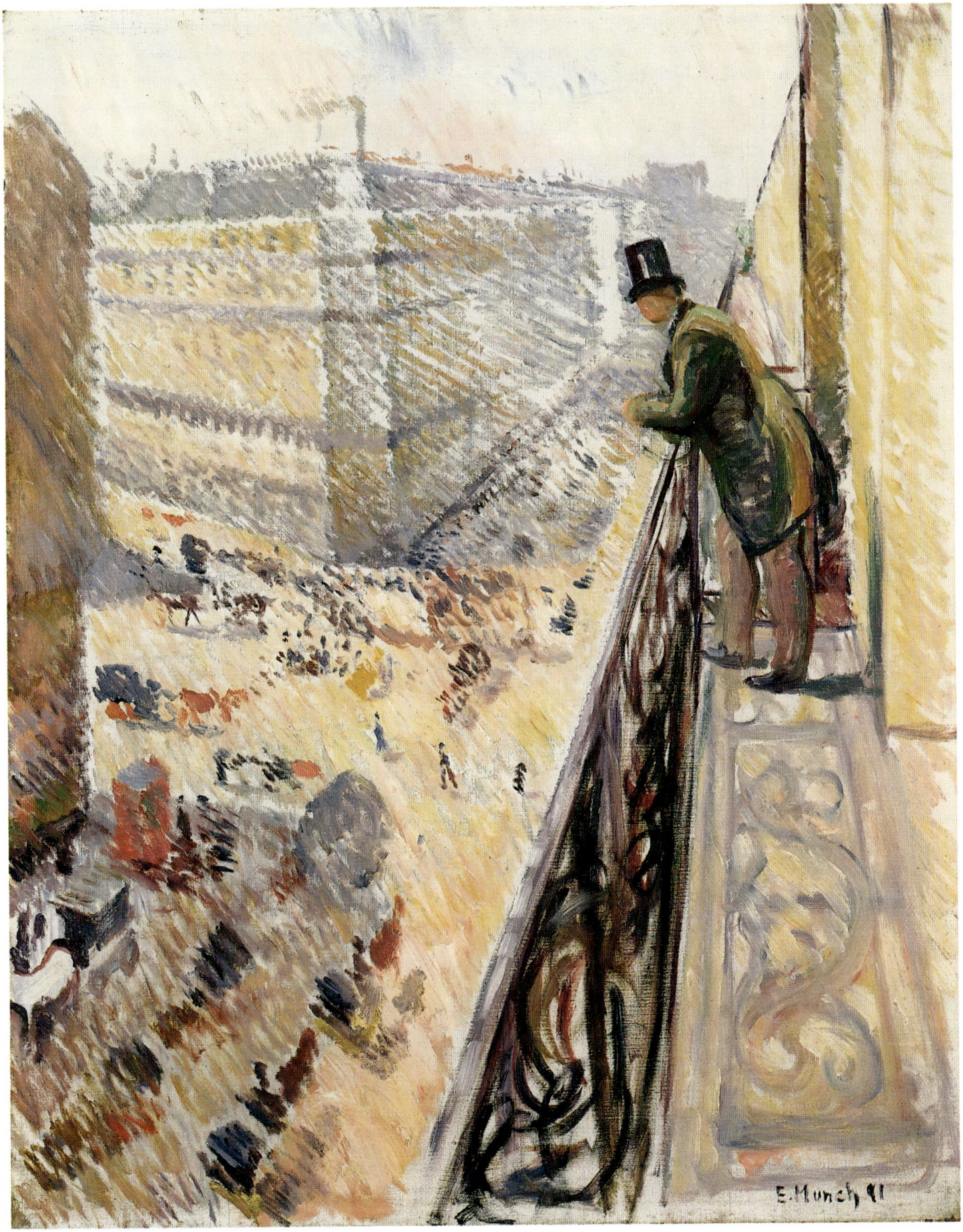

RUE LAFAYETTE, 1891; 92 × 73 cm.

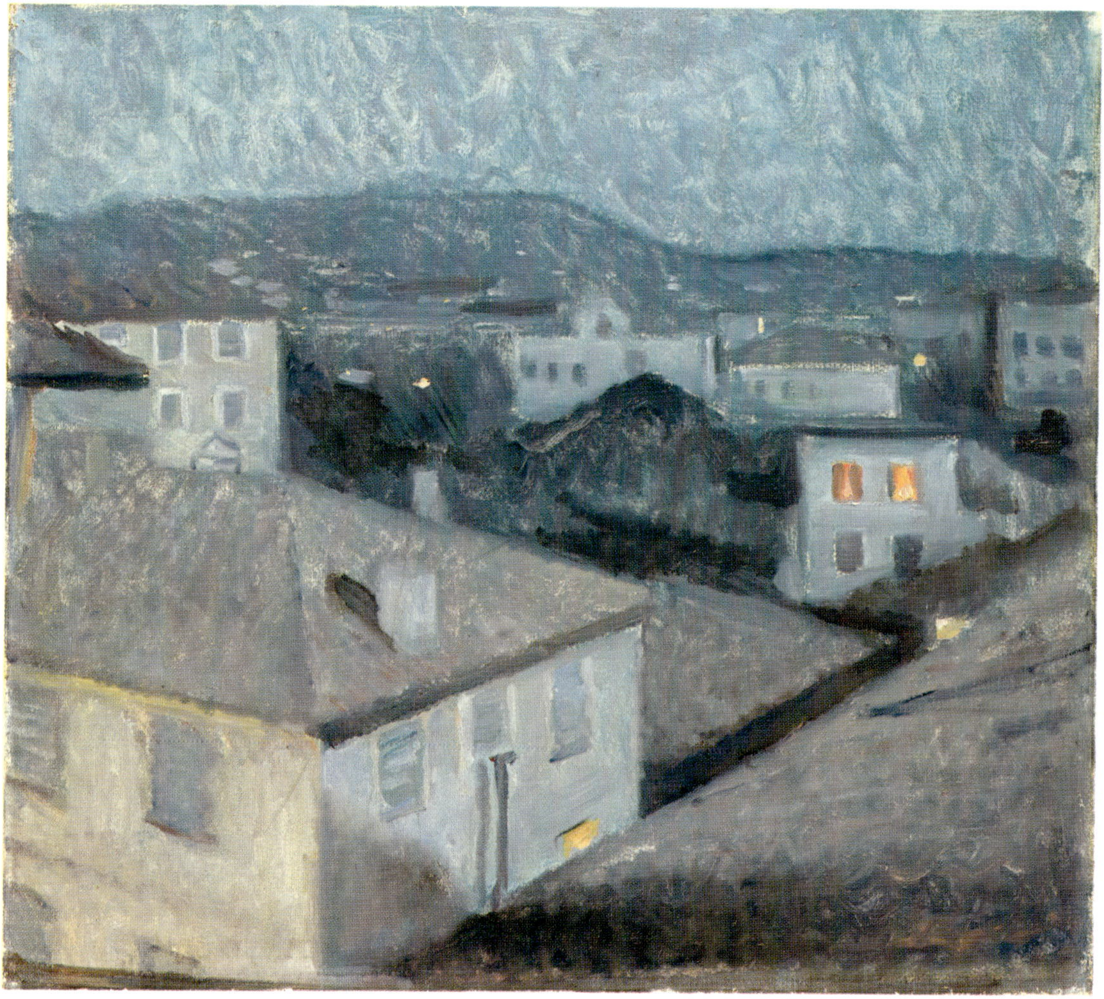

NATT I NIZZA, 1891; 48 × 54 cm.
Night in Nice. Nuit à Nice. Nacht in Nizza.

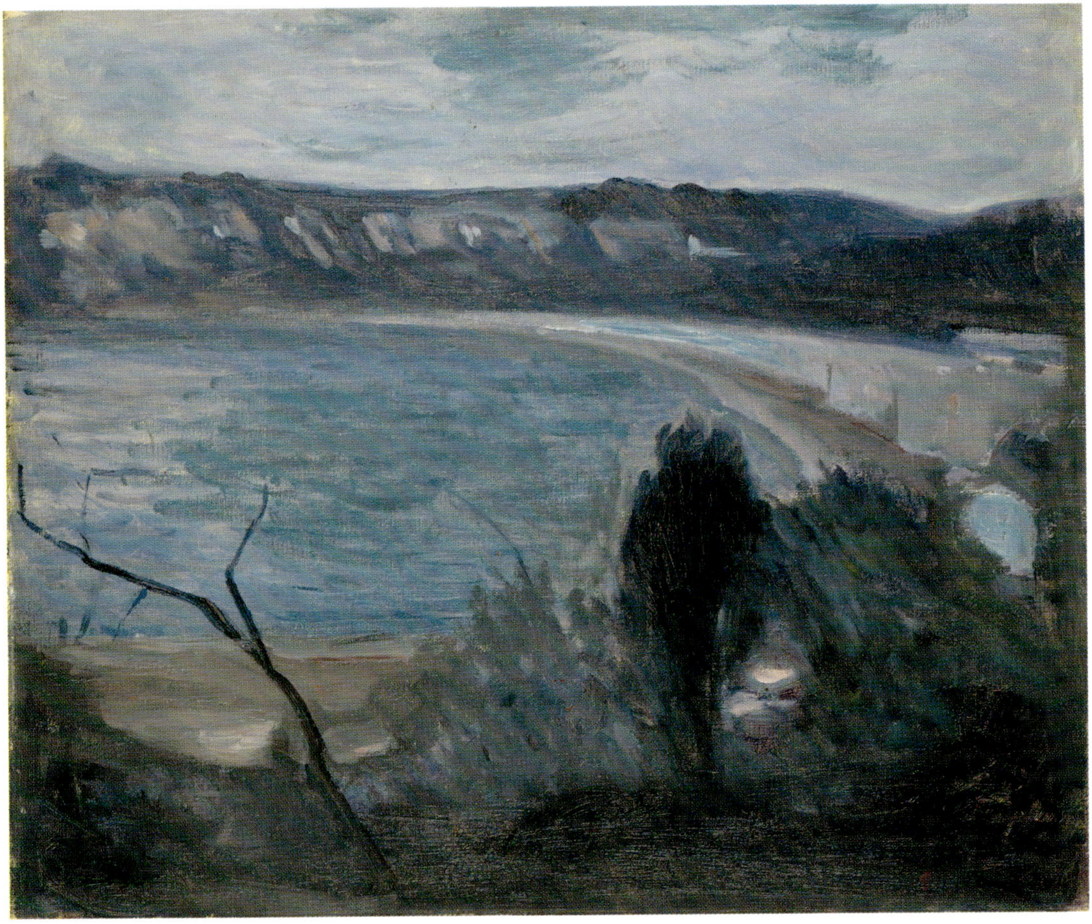

MÅNENATT I NIZZA, 1891; 46 × 55 cm.
Moonlit night in Nice. Clair de lune à Nice. Mondnacht in Nizza.

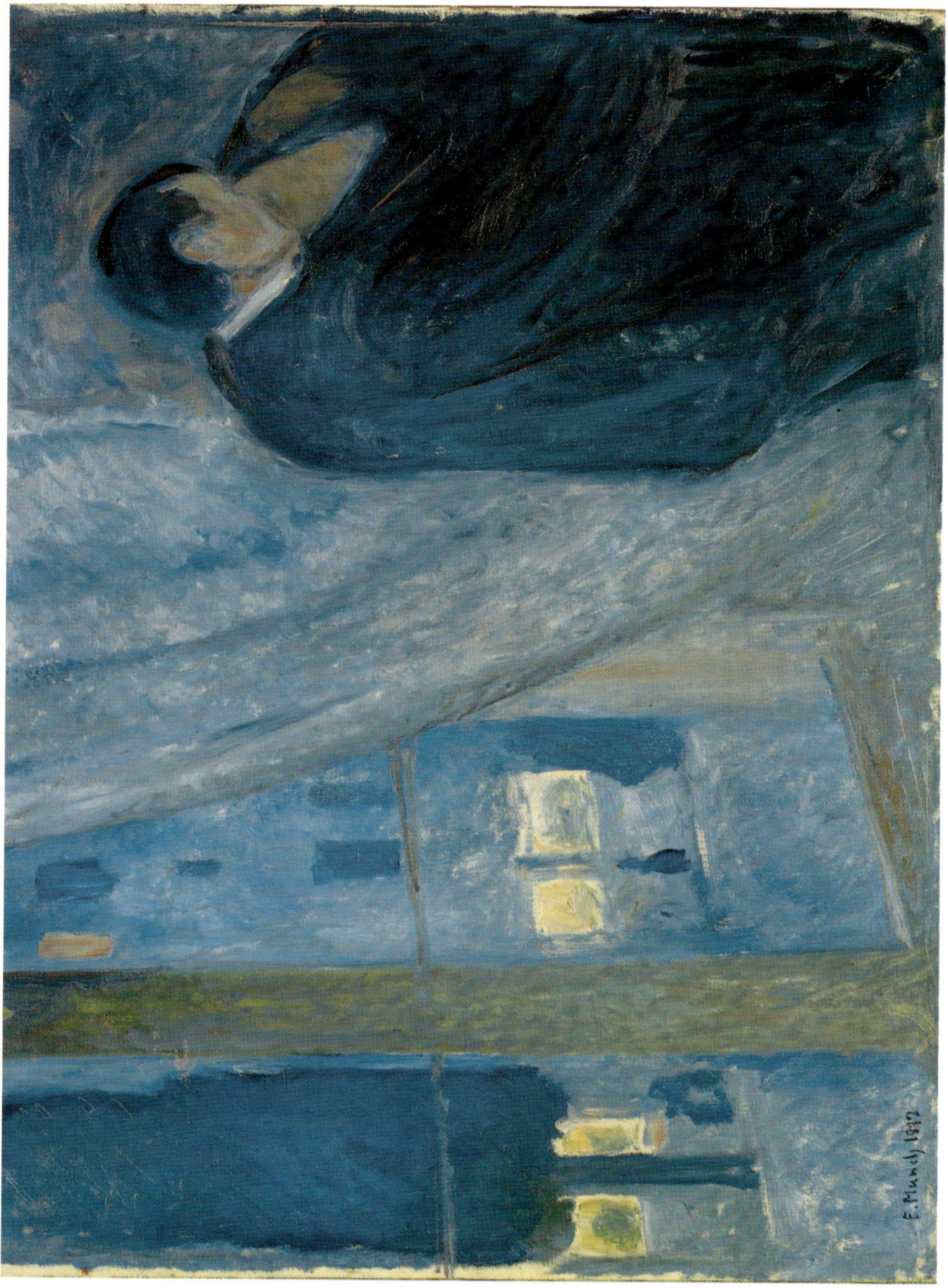

KYSS, 1892; 73 × 92 cm.   The kiss.   Le baiser.   Der Kuss.

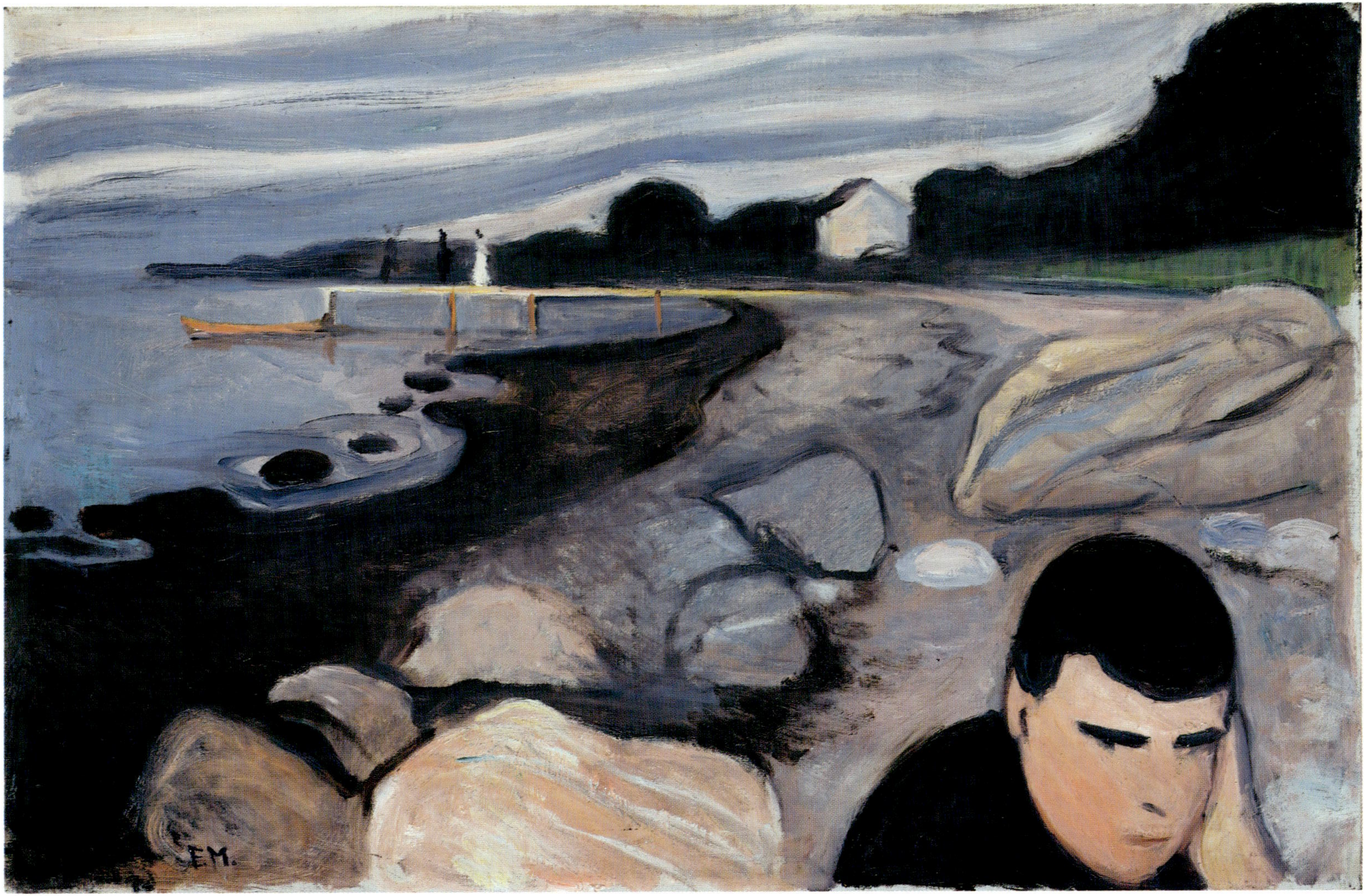

MELANKOLI, 1892; 64 × 96 cm.   Melancholy. Mélancolie. Melancholie.

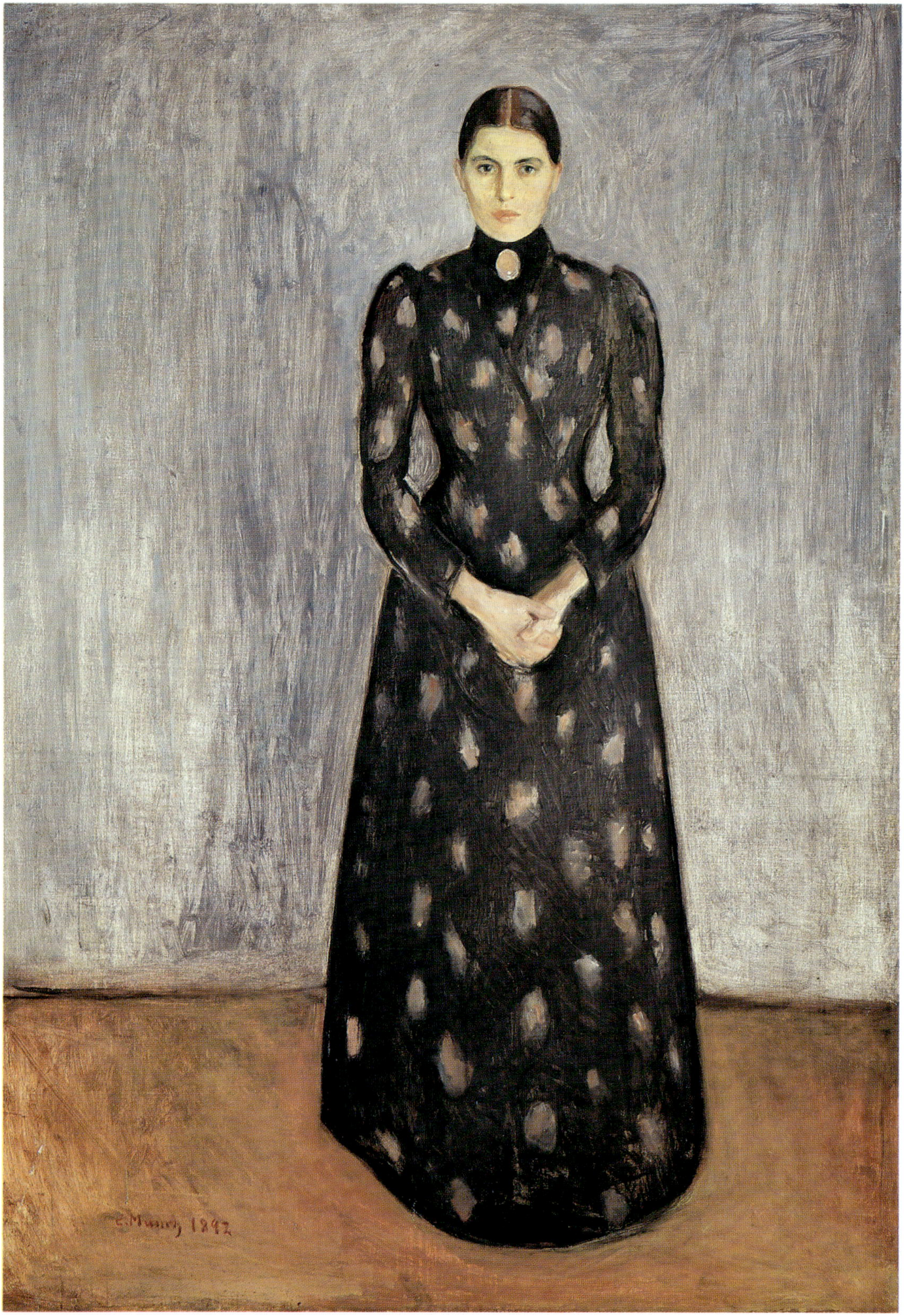

KUNSTNERENS SØSTER INGER, 1892; 172 × 122,5 cm.
The artist's sister, Inger. Inger, la soeur de l'artiste. Inger, die Schwester des Künstlers.

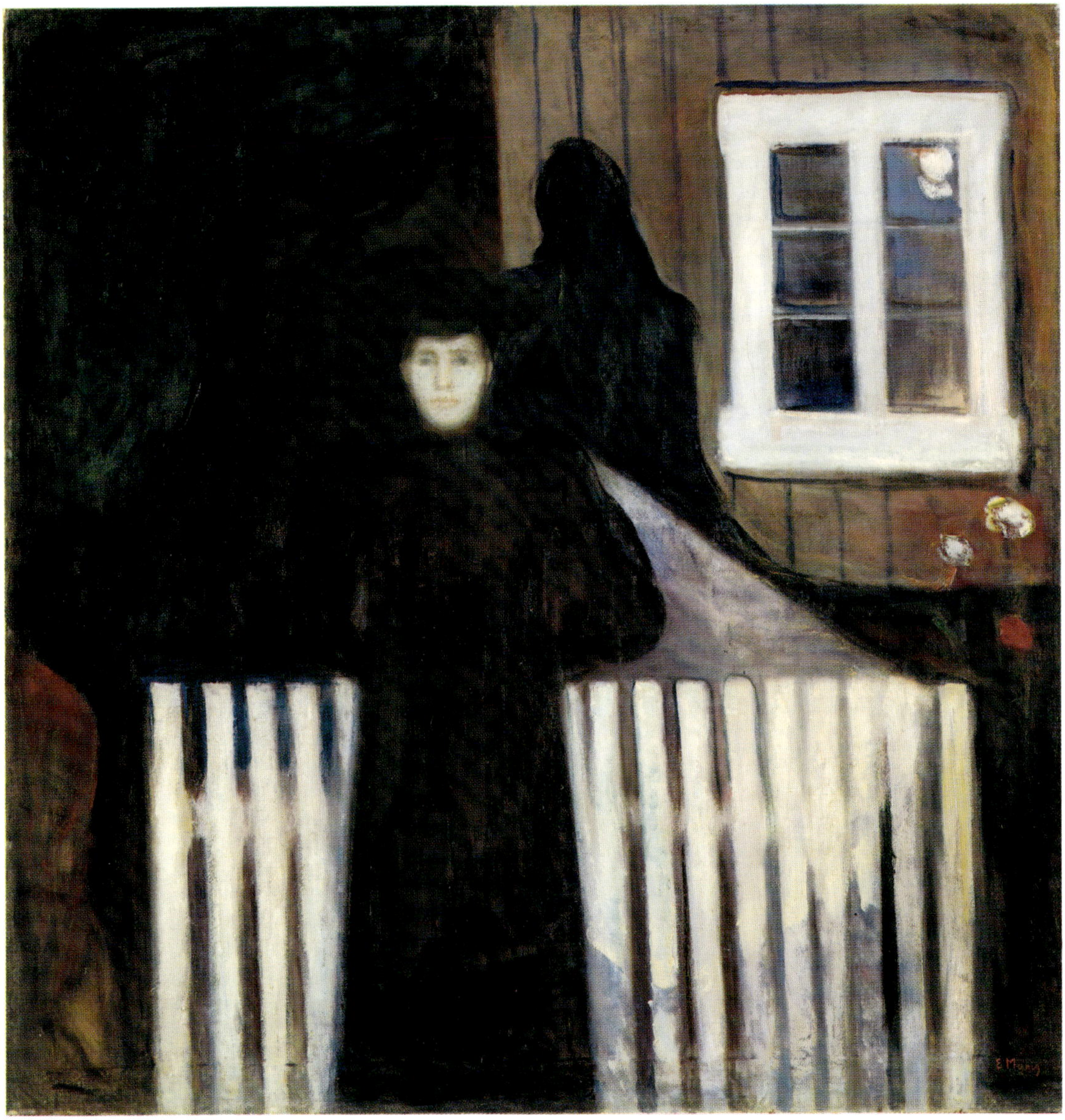

MÅNESKINN, 1893; 140,5 × 137 cm.
Moonlight. Clair de lune. Mondschein.

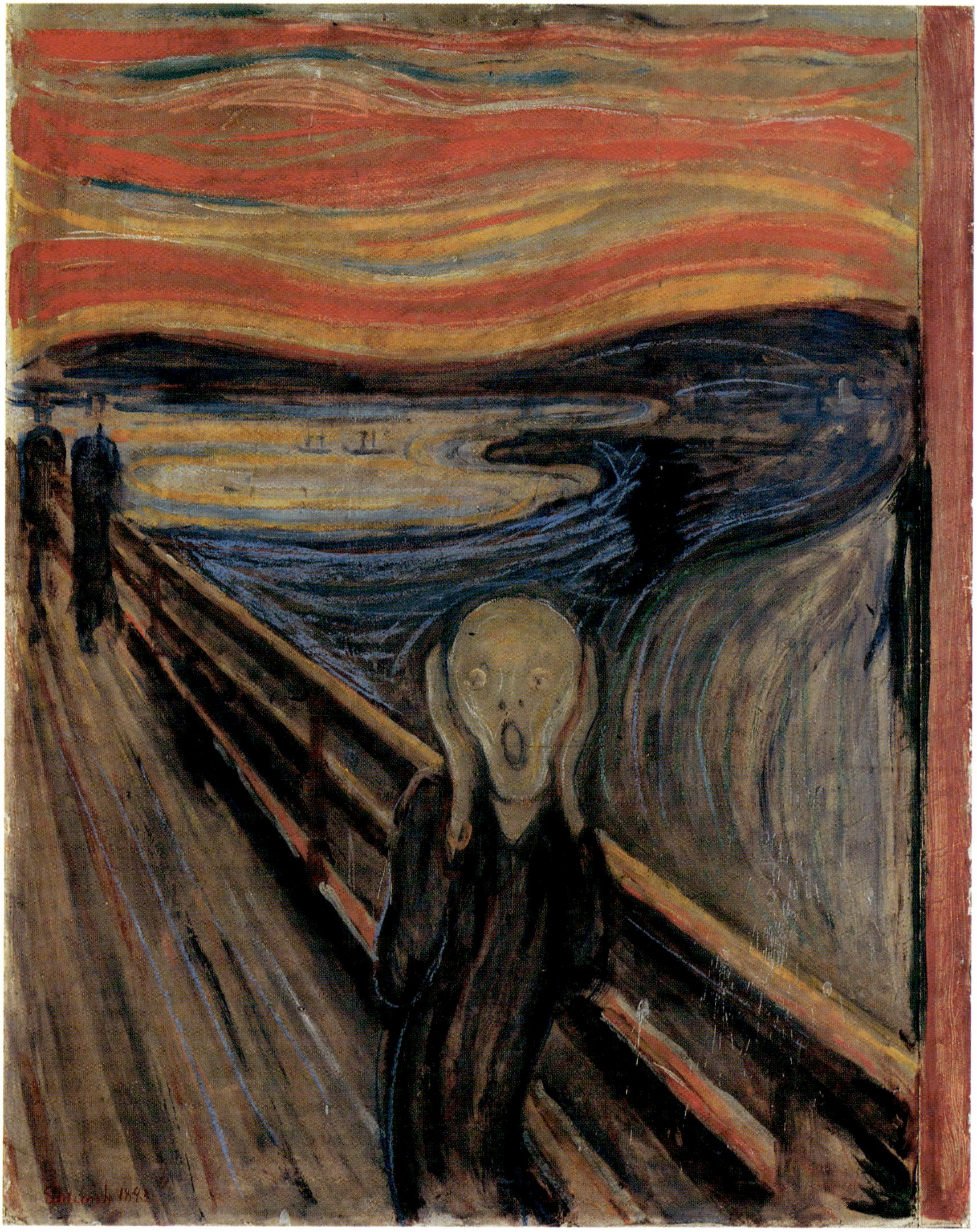

SKRIK, 1893; 91 × 73,5 cm.
The scream. Le cri. Der Schrei.

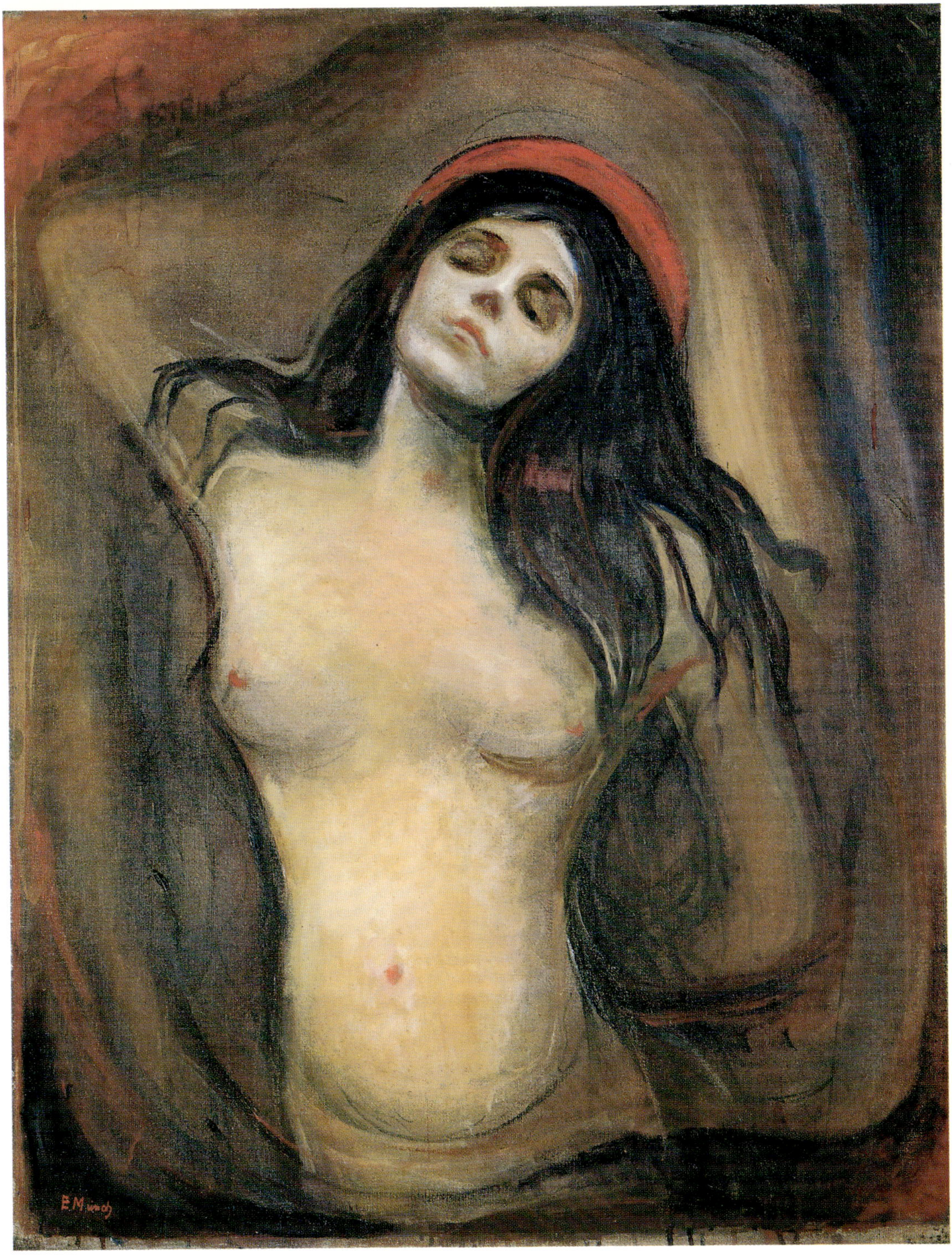

MADONNA, 1894–95; 91 × 70,5 cm.

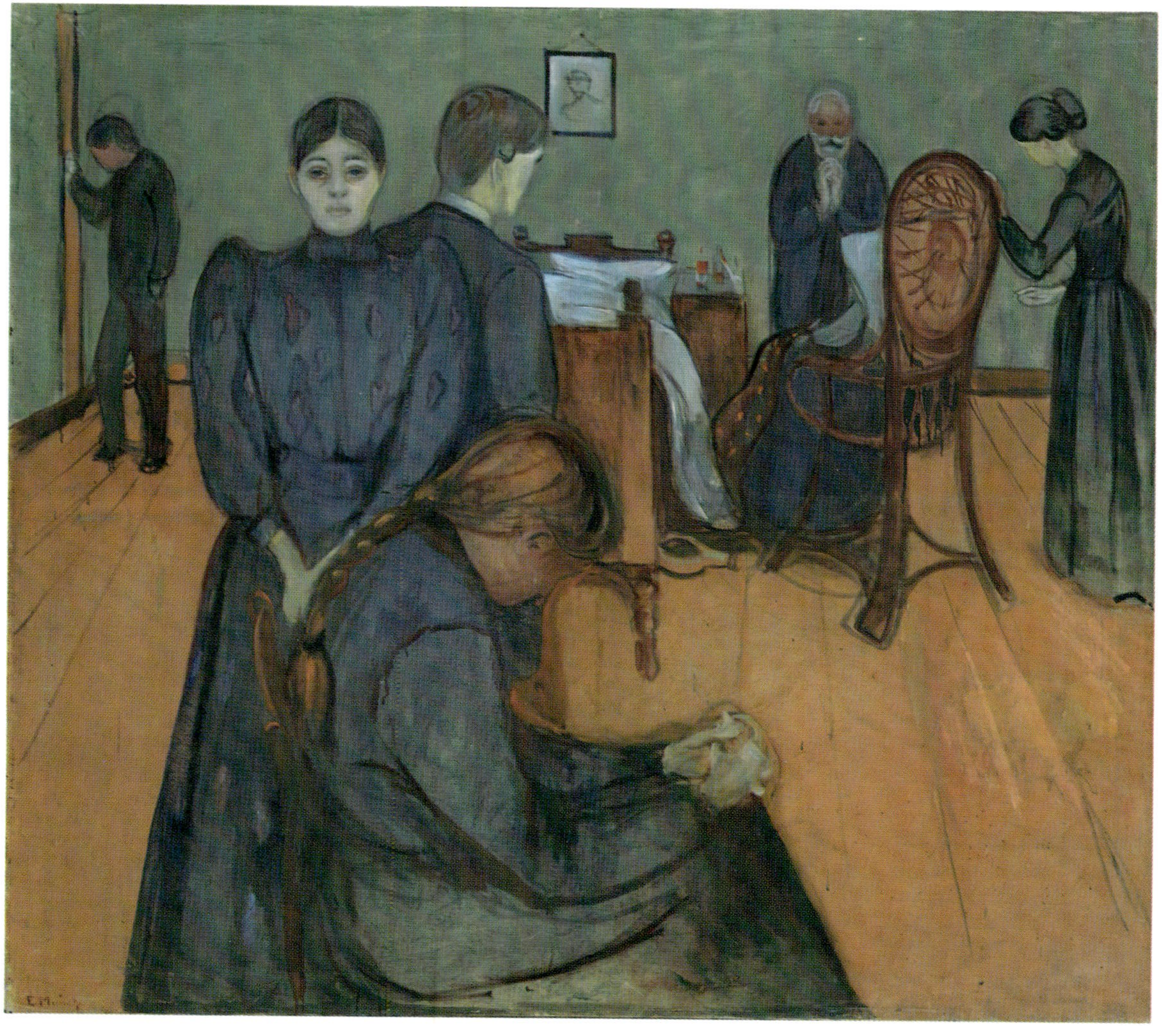

DØDEN I SYKEVÆRELSET, ant. 1893; 152,5 × 169,5 cm.
Death in the sick-room. La mort dans la chambre de la malade. Der Tod im Krankenzimmer.

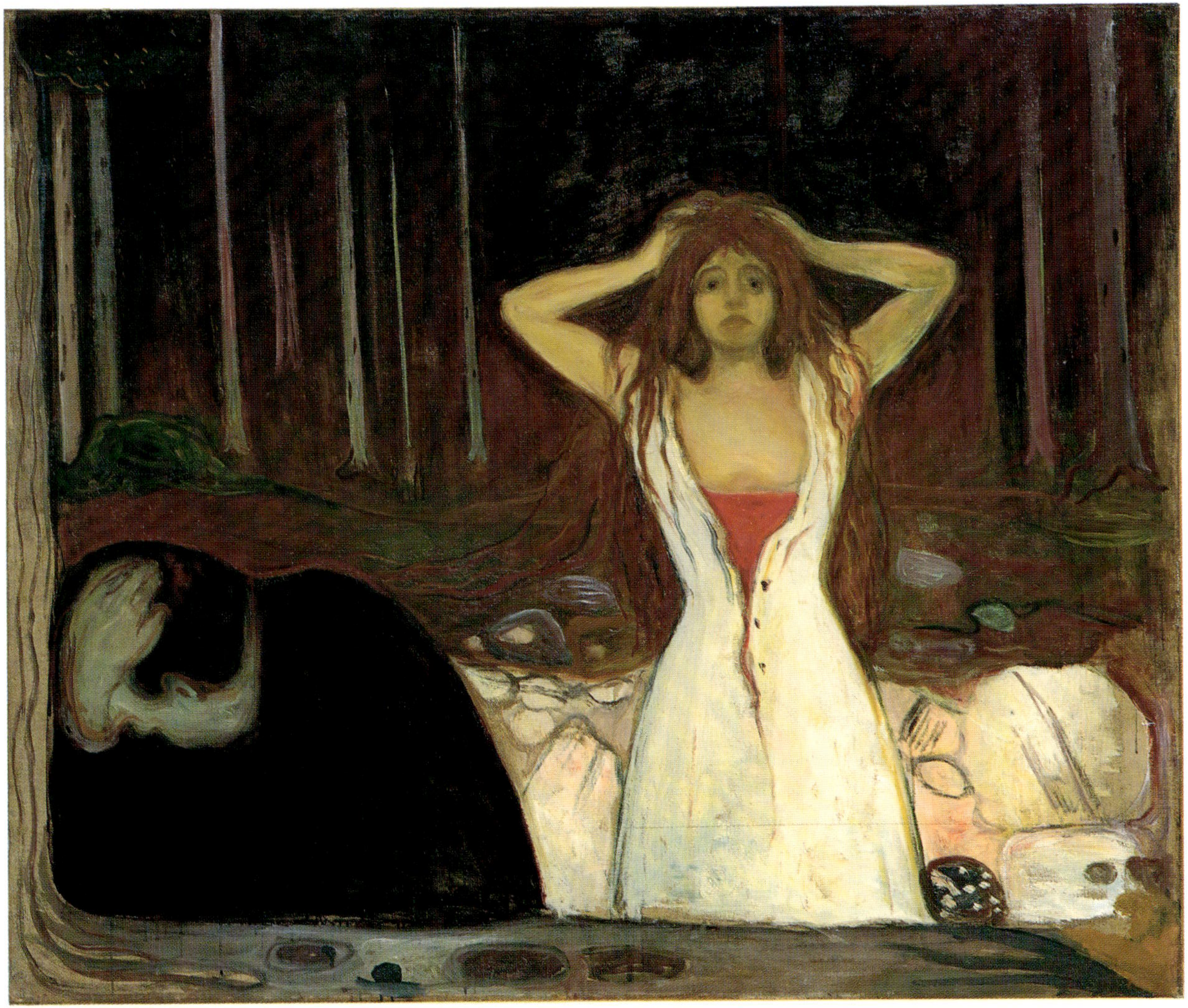

ASKE, 1894; 120,5 × 141 cm. Ashes. Cendre. Asche.

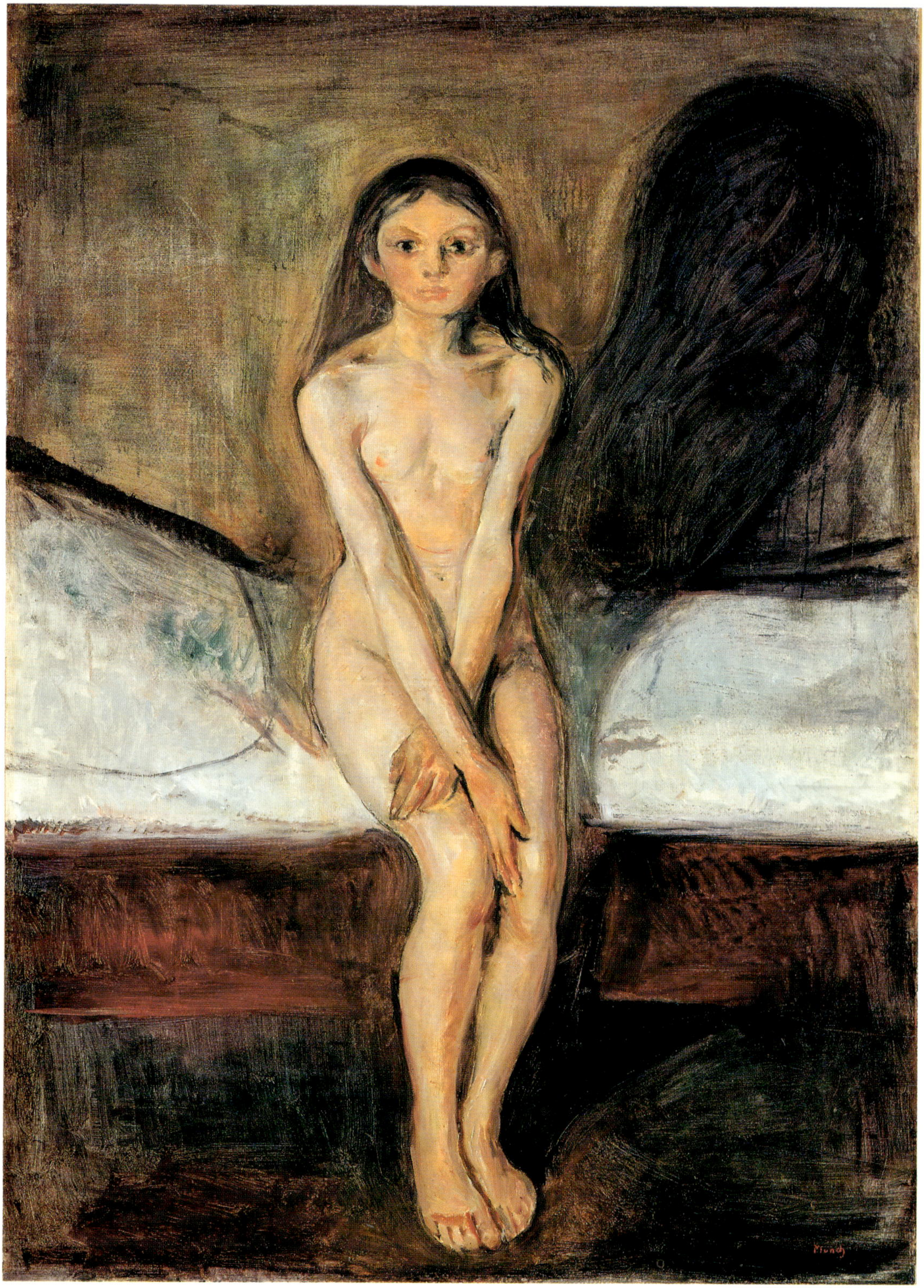

PUBERTET, 1894–95; 151,5 × 110 cm.
Puberty. Puberté. Pubertät.

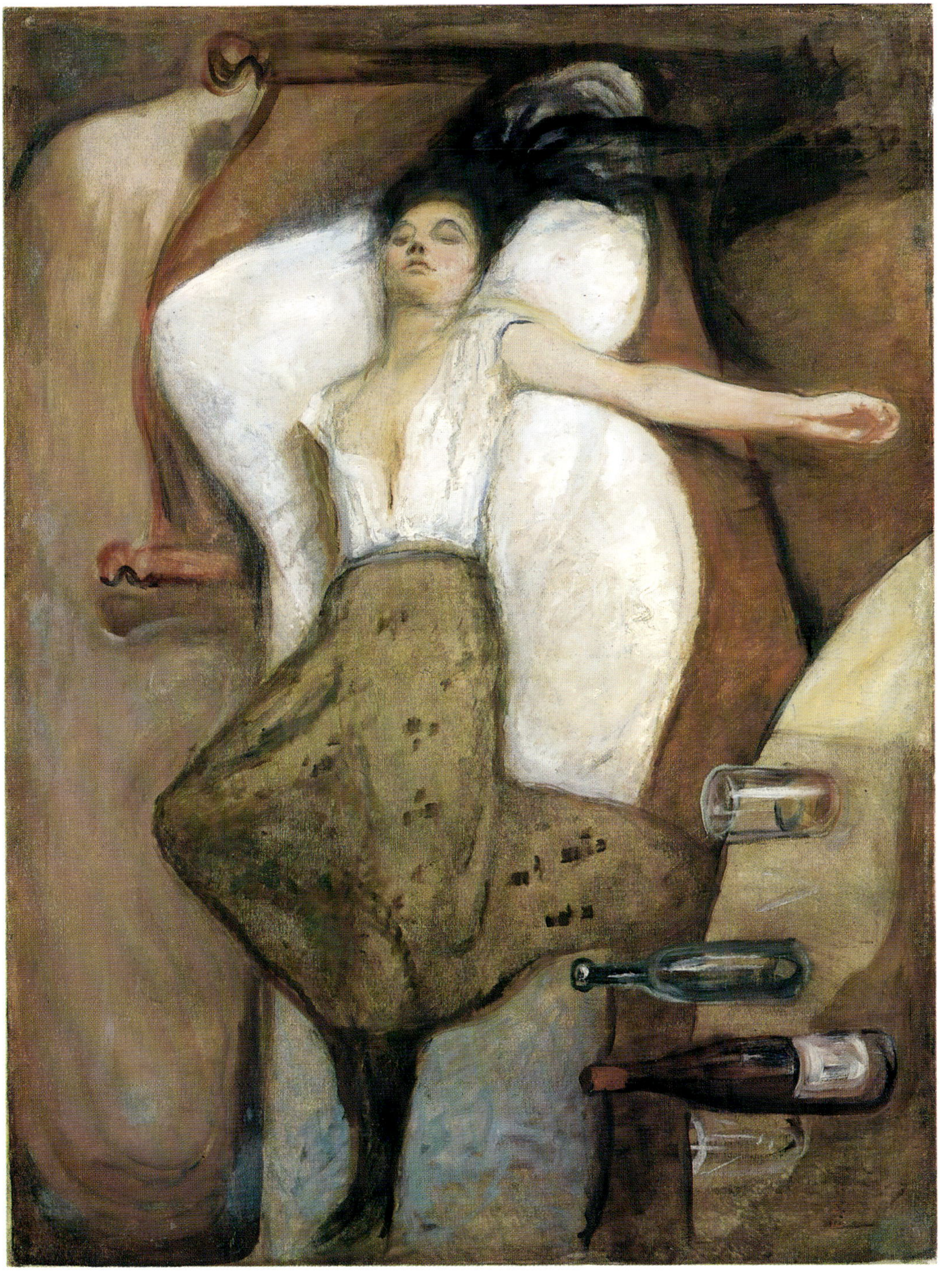

DAGEN DERPÅ, 1894–95; 115 × 152 cm. The day after. Le lendemain. Der Tag danach.

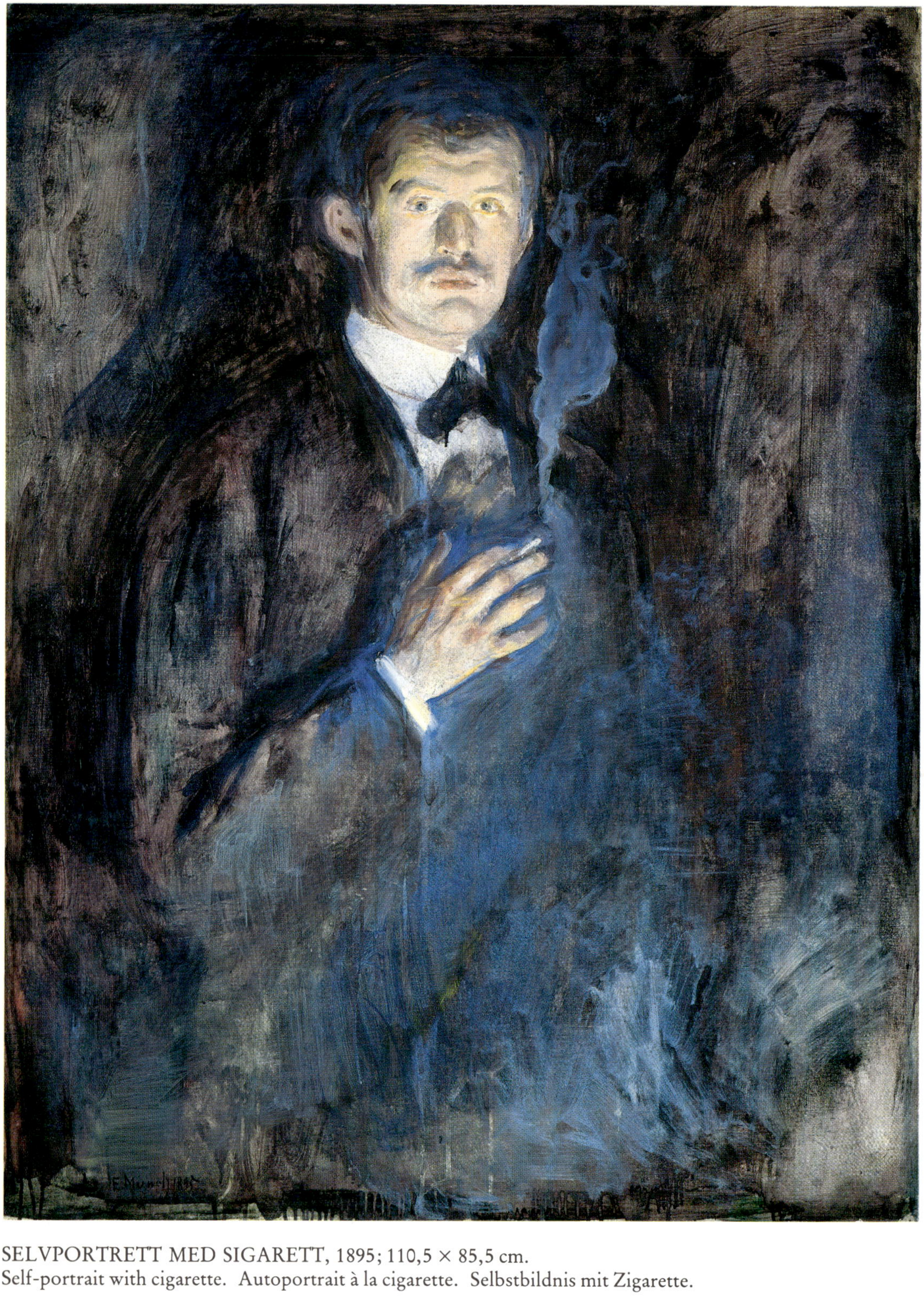

SELVPORTRETT MED SIGARETT, 1895; 110,5 × 85,5 cm.
Self-portrait with cigarette. Autoportrait à la cigarette. Selbstbildnis mit Zigarette.

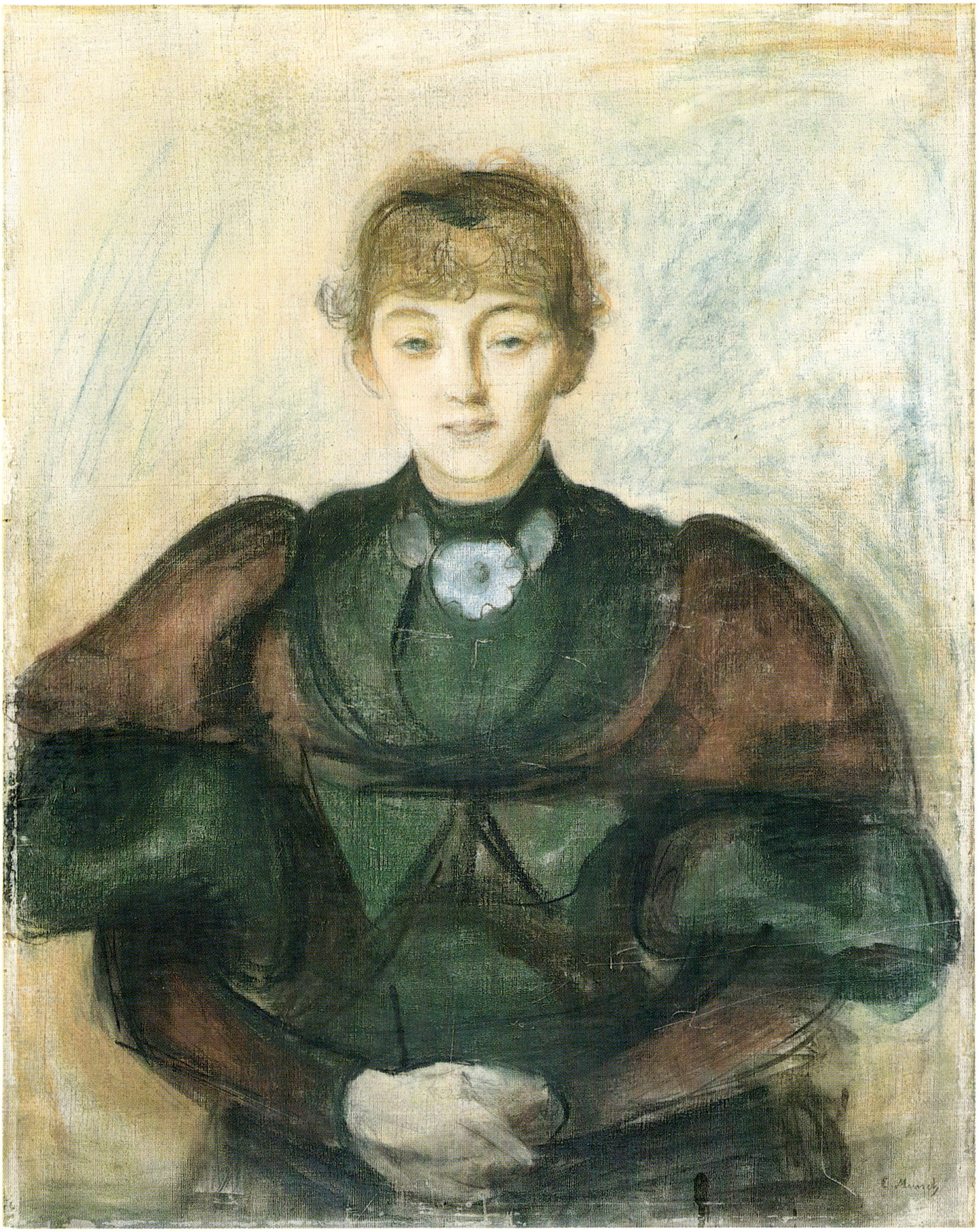

FRU RAGNHILD BÄCKSTRÖM, ca. 1894; 87 × 70 cm.
Mrs. Ragnhild Bäckström. Mme. Ragnhild Bäckström. Frau Ragnhild Bäckström.

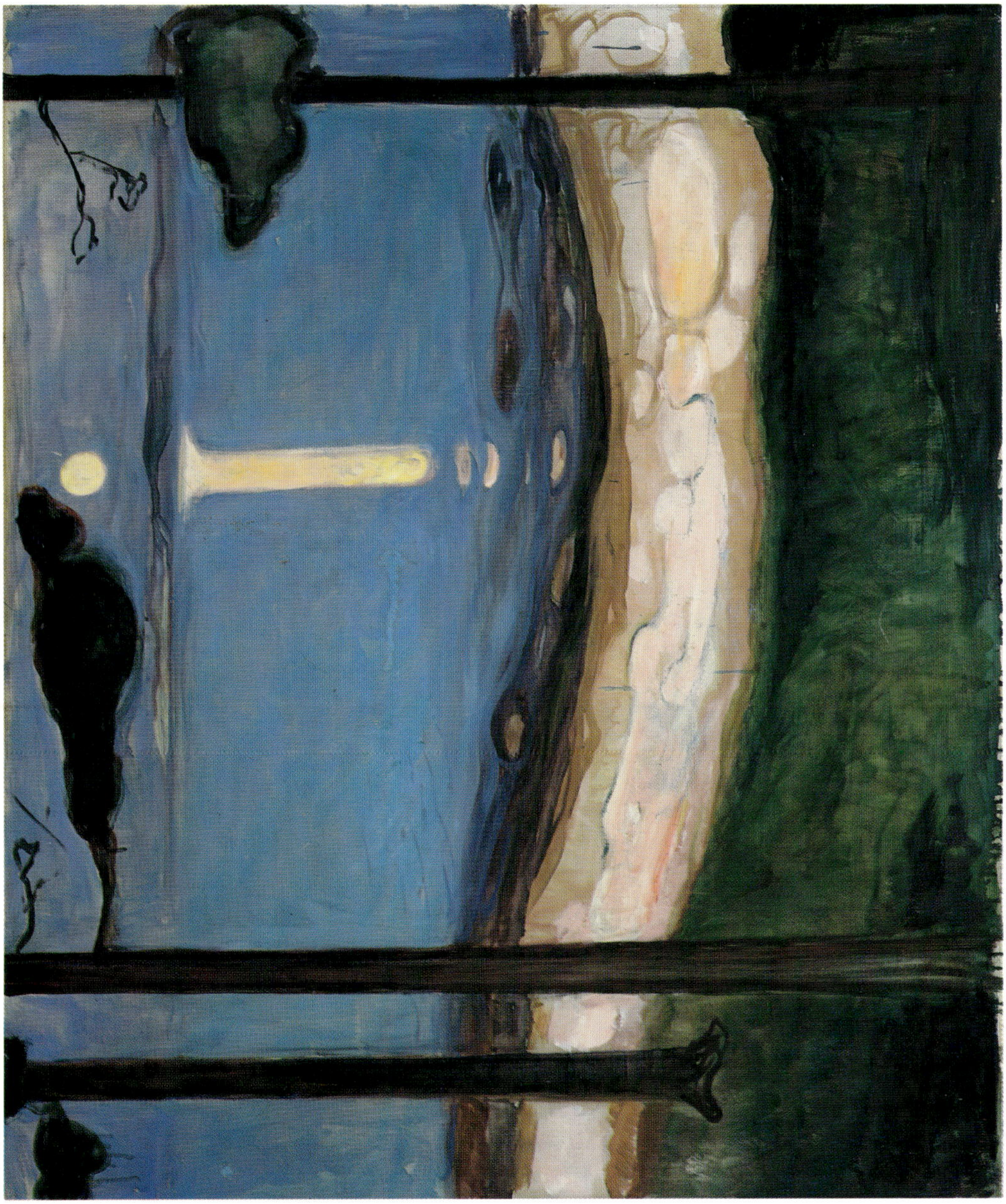

MÅNESKINN, 1895; 93 × 110 cm. Moonlight. Clair de lune. Mondschein.

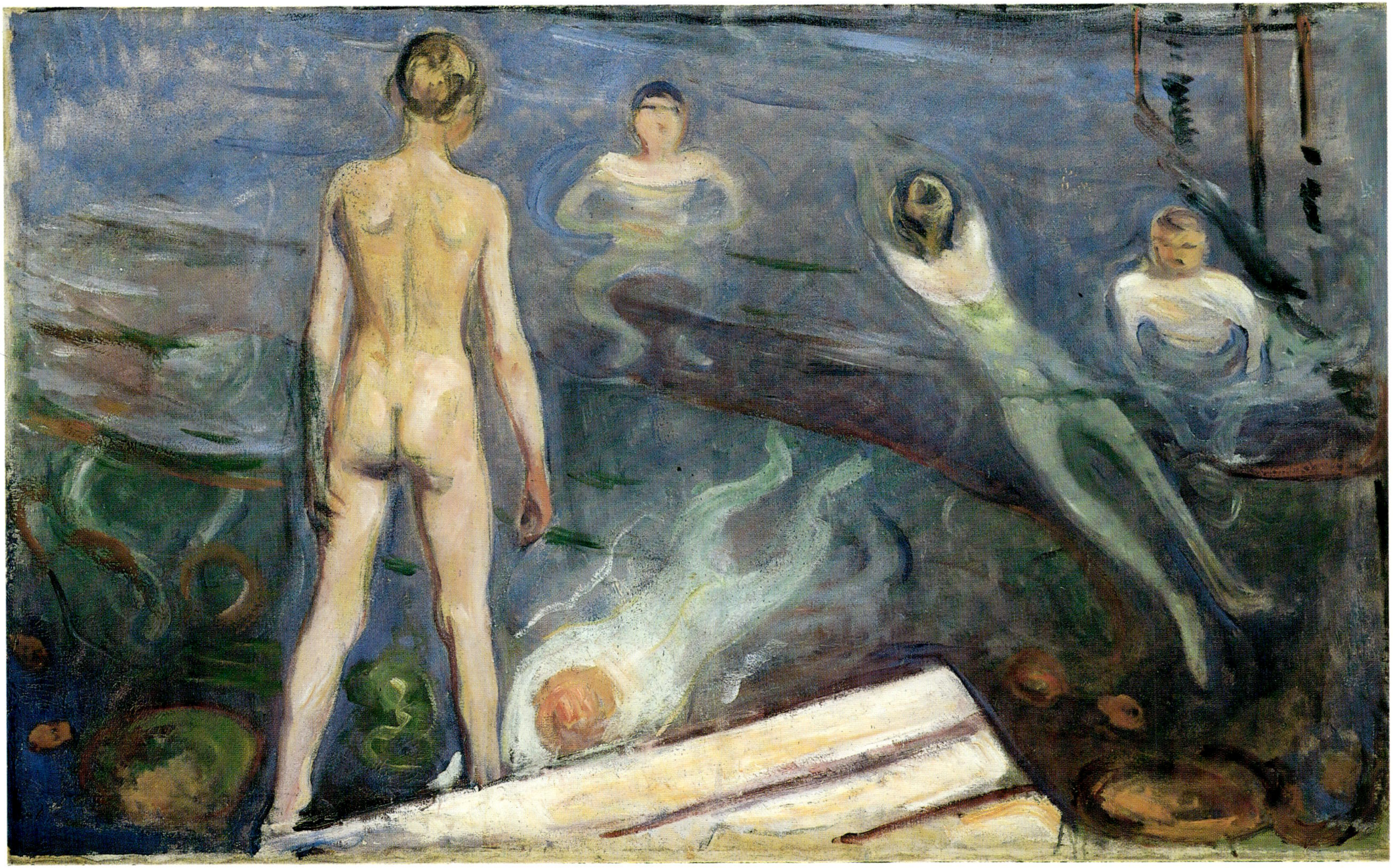

BADENDE GUTTER, ca. 1895; 92 × 150 cm. Boys bathing. Carçons se baignant. Badende Knaben.

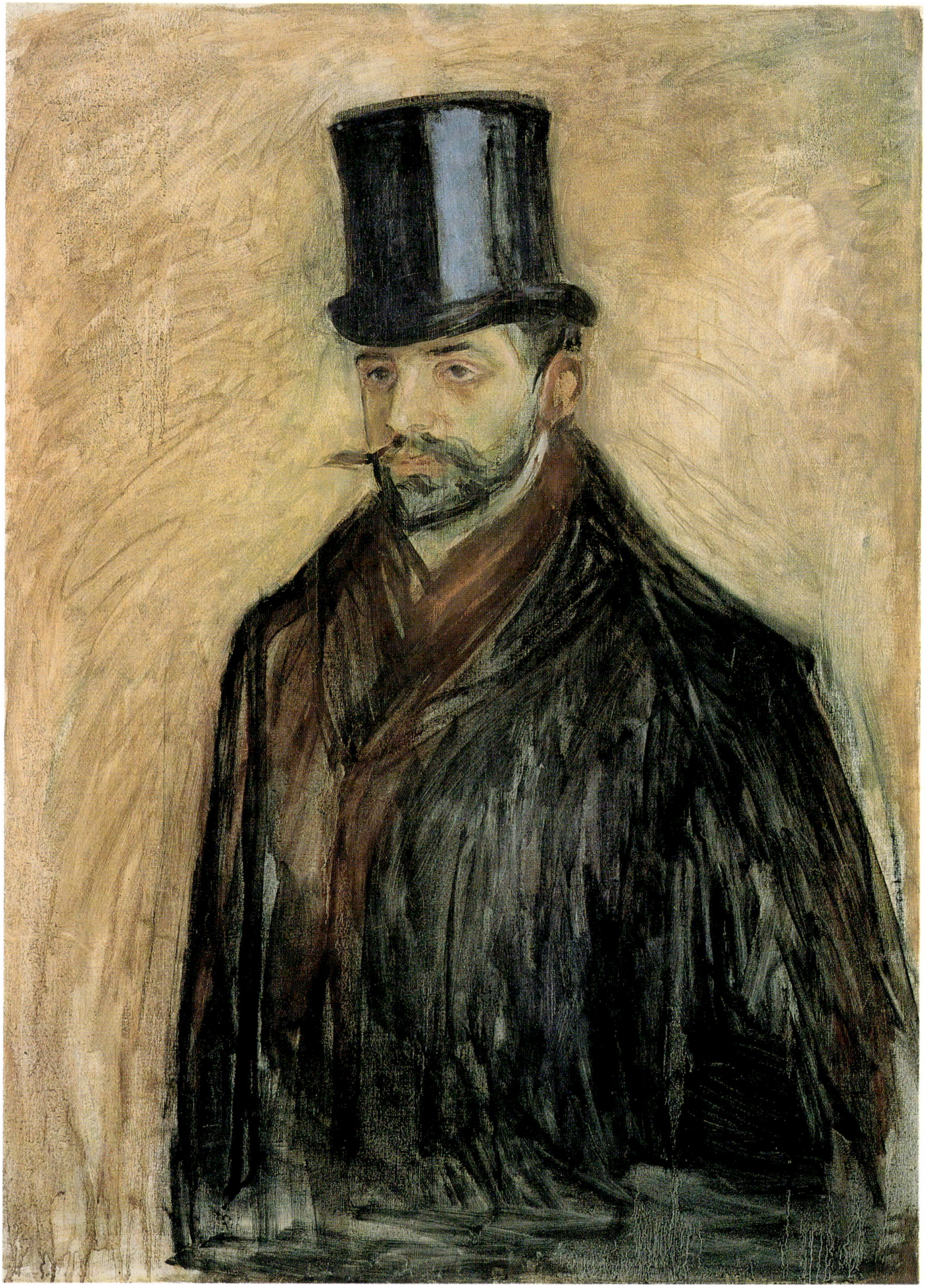

JULIUS MEIER-GRAEFE, ant. 1895; 100 × 75 cm.

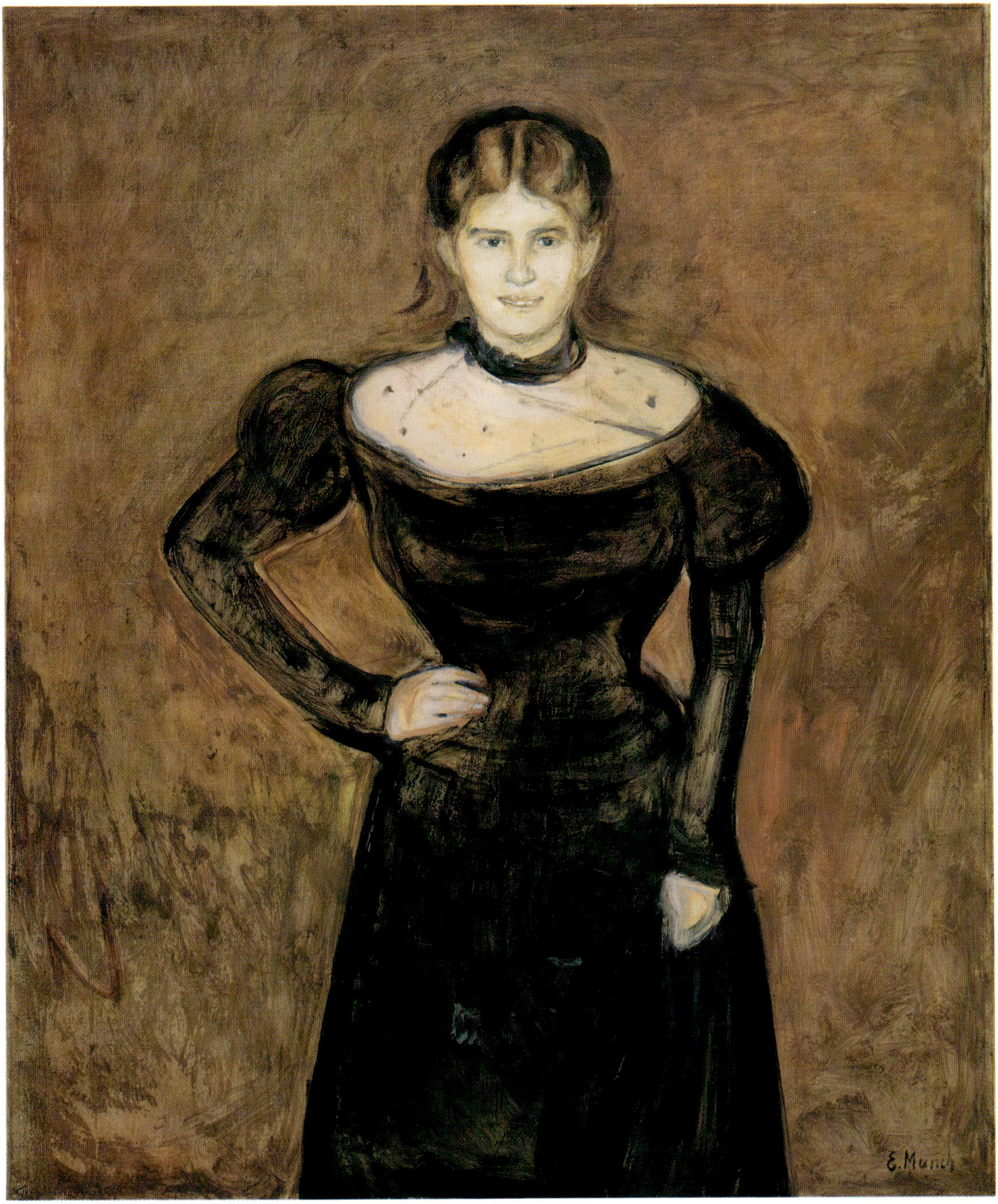

AASE NØRREGAARD, ant. 1895; 131 × 109 cm.

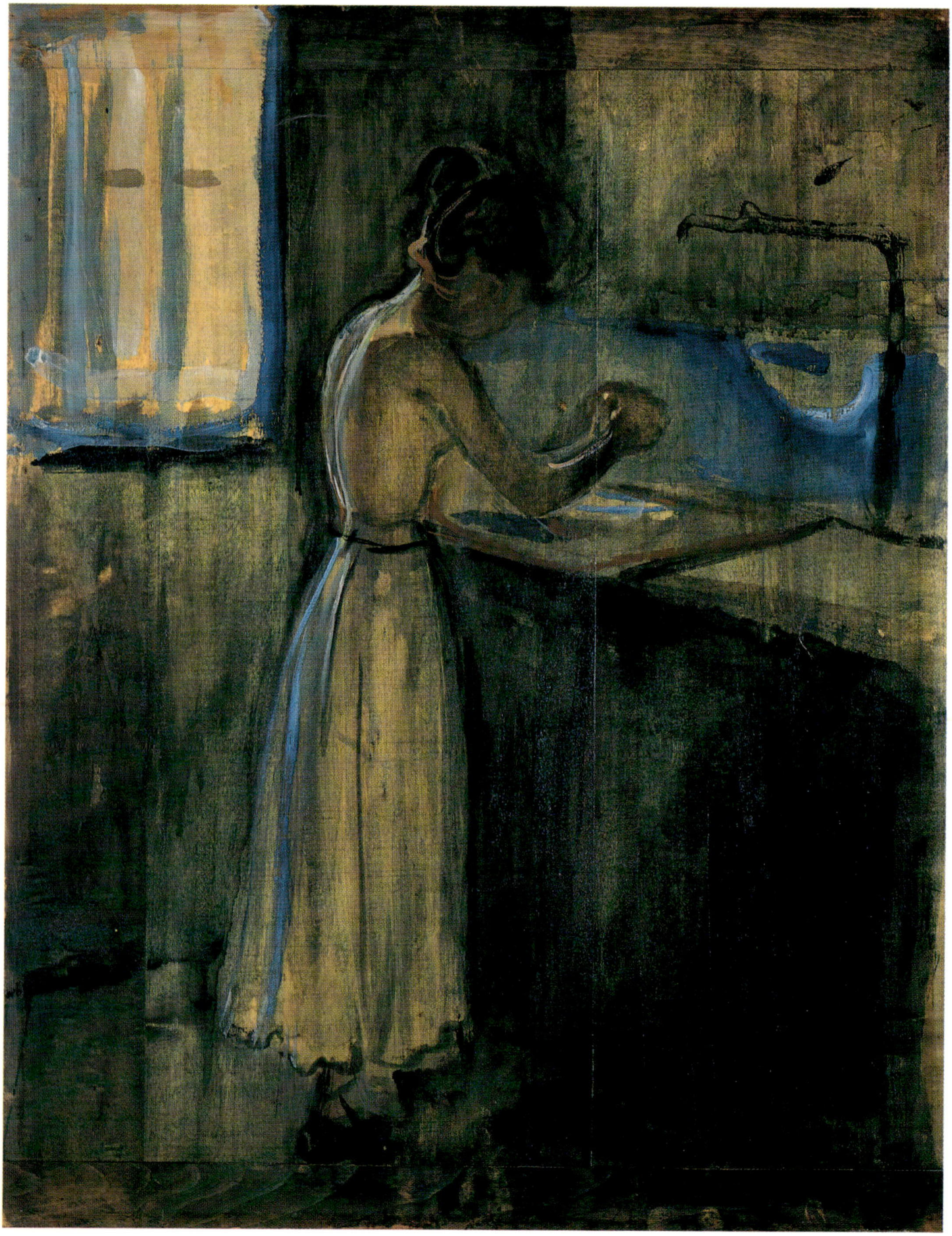

PIKE SOM VASKER SEG, 1896; 74,5 × 59 cm.
Young girl washing herself. Jeune fille se lavant. Junges Mädchen sich waschend.

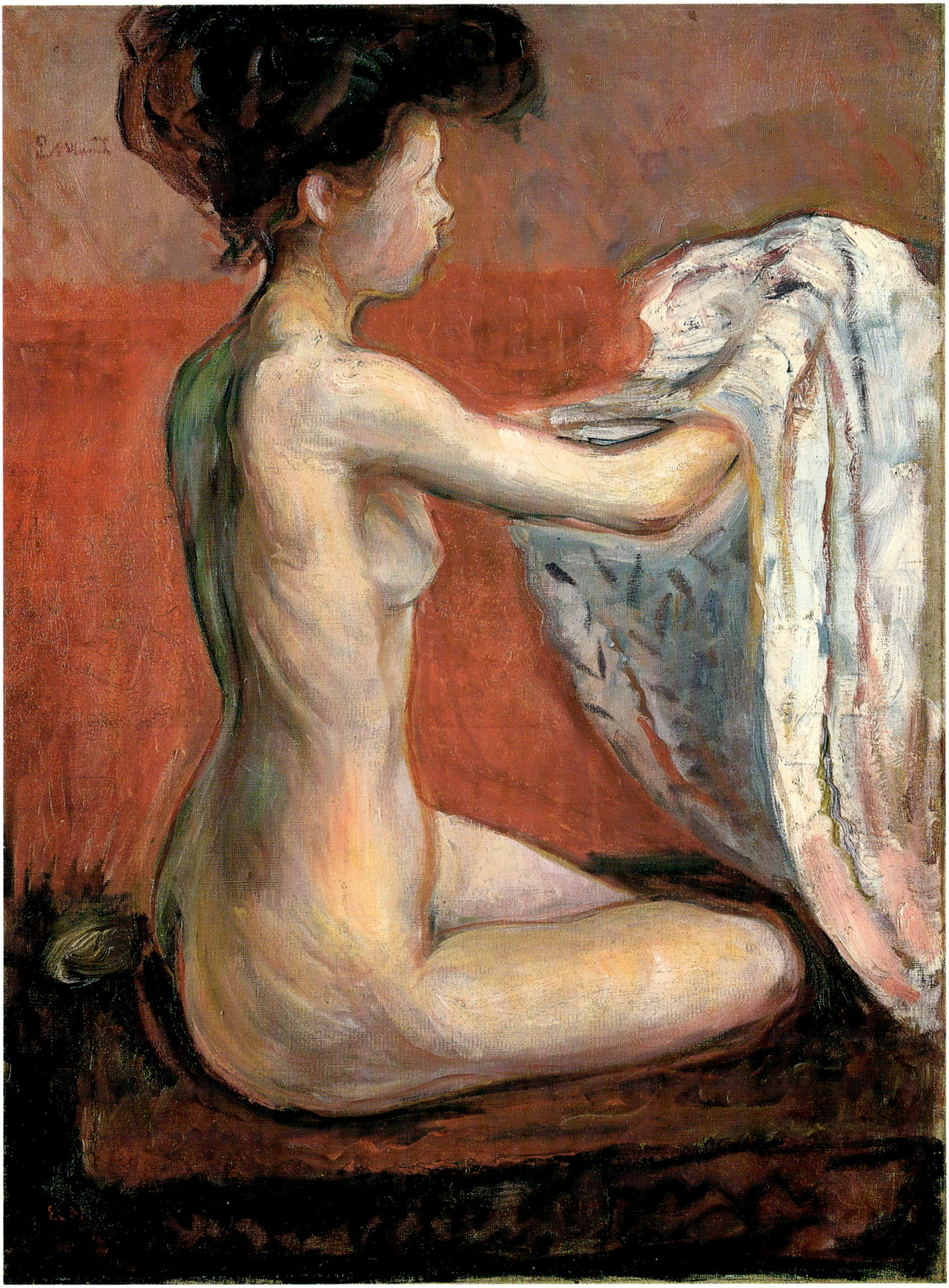

PARISERMODELL, 1896; 80 × 60 cm.
Parisian model. Modèle parisien. Akt einer Pariserin.

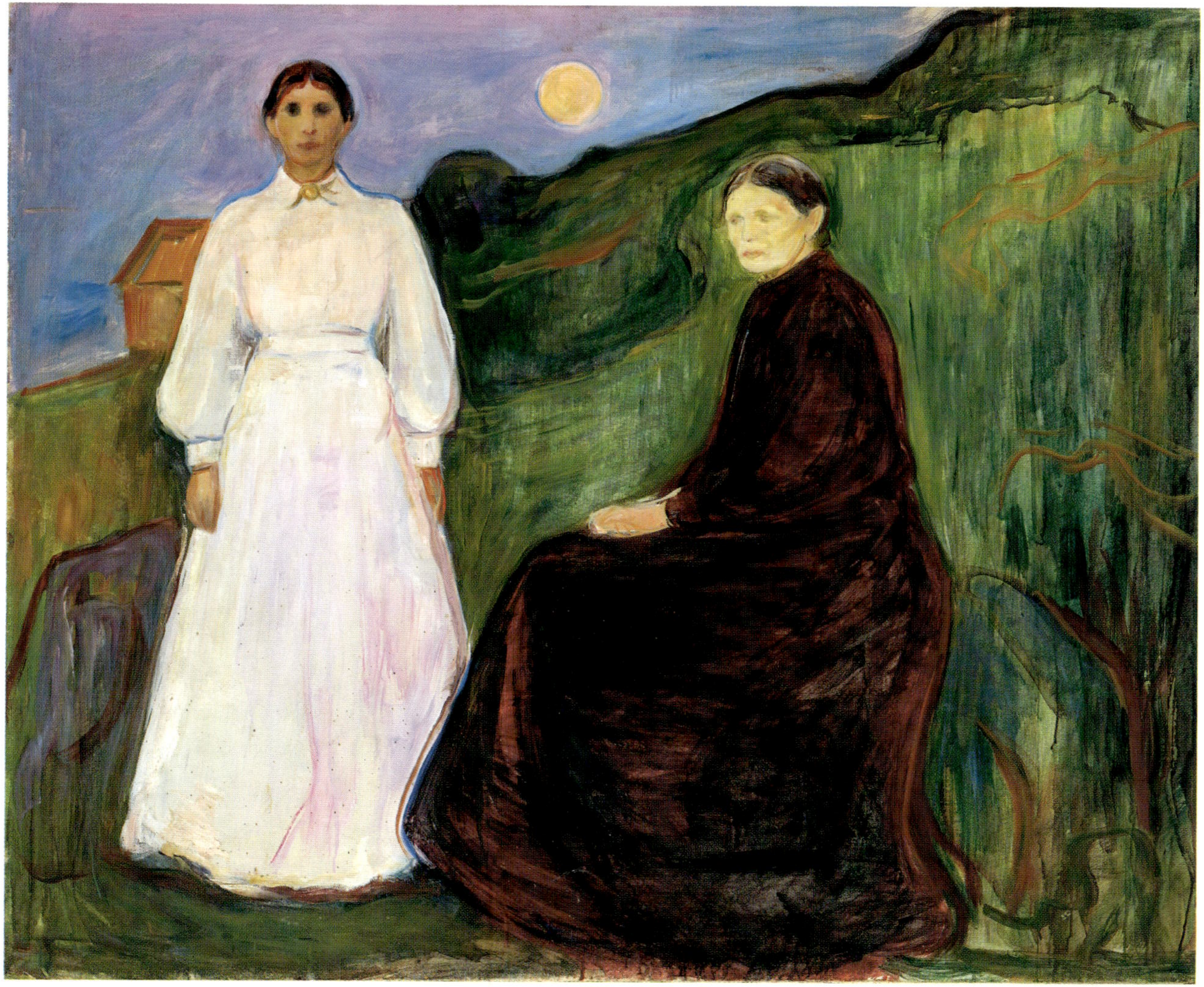

MOR OG DATTER, ant. 1897; 135 × 163 cm. Mother and daughter. Mère et fille. Mutter und Tochter.

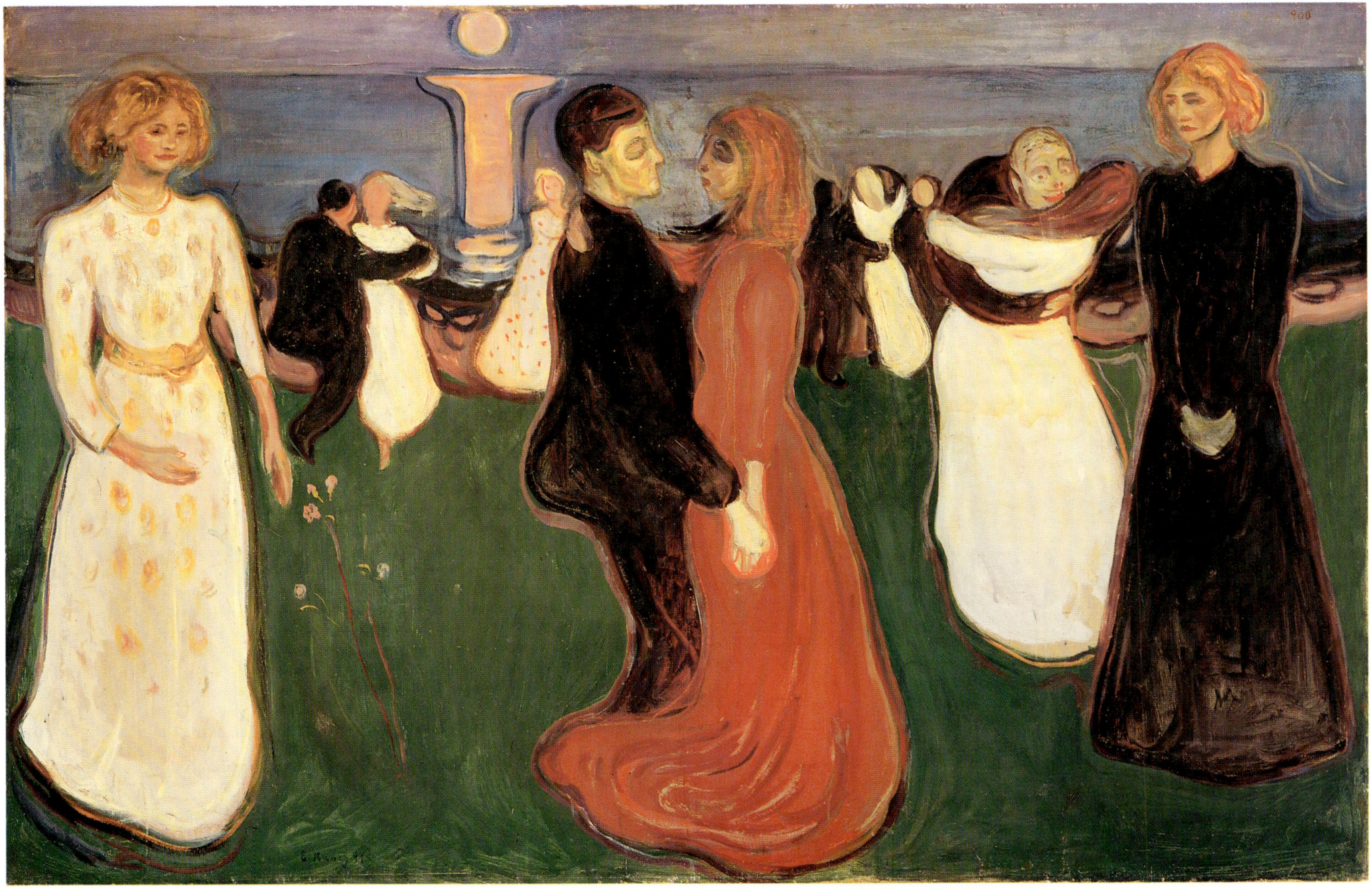

LIVETS DANS, 1899–1900; 125 × 191 cm. The dance of life. La danse de la vie. Der Tanz des Lebens.

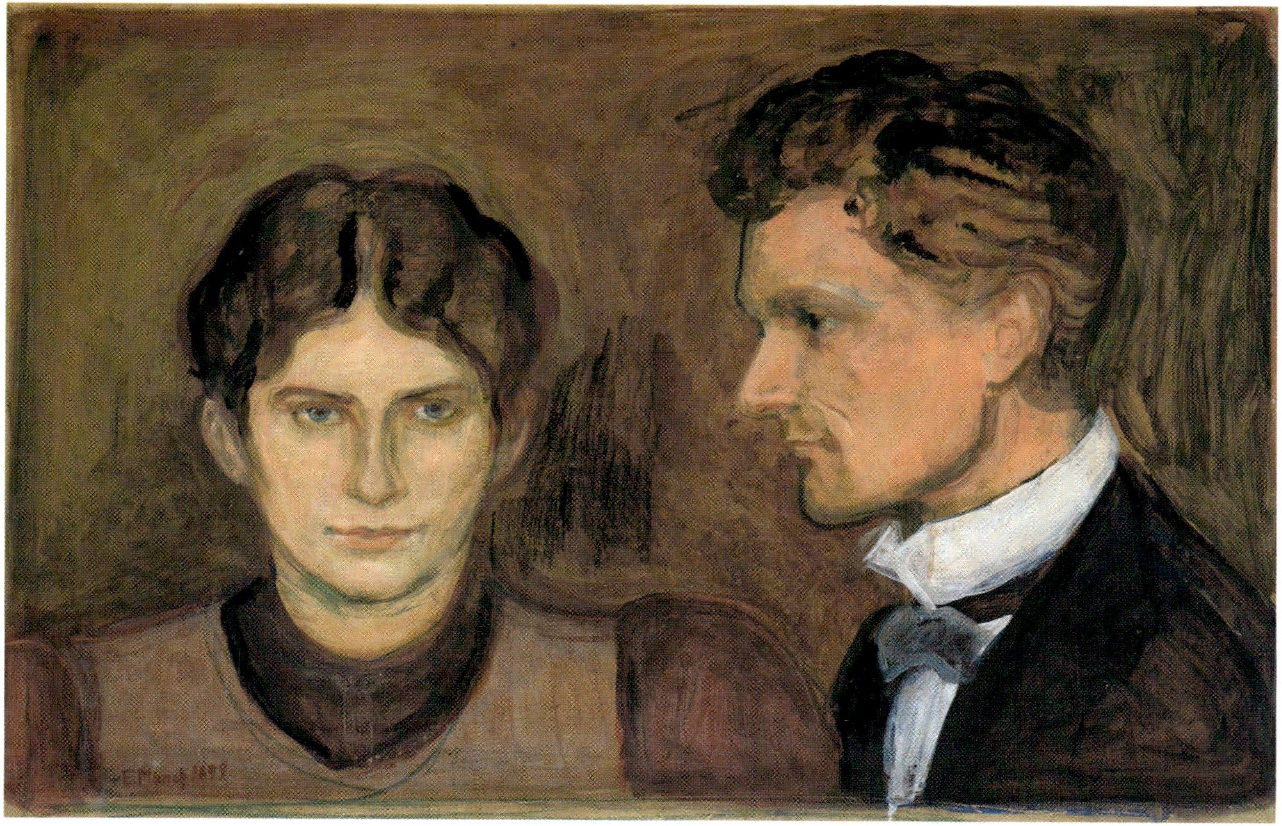

AASE OG HARALD NØRREGAARD, 1899; 49,5 × 75 cm.

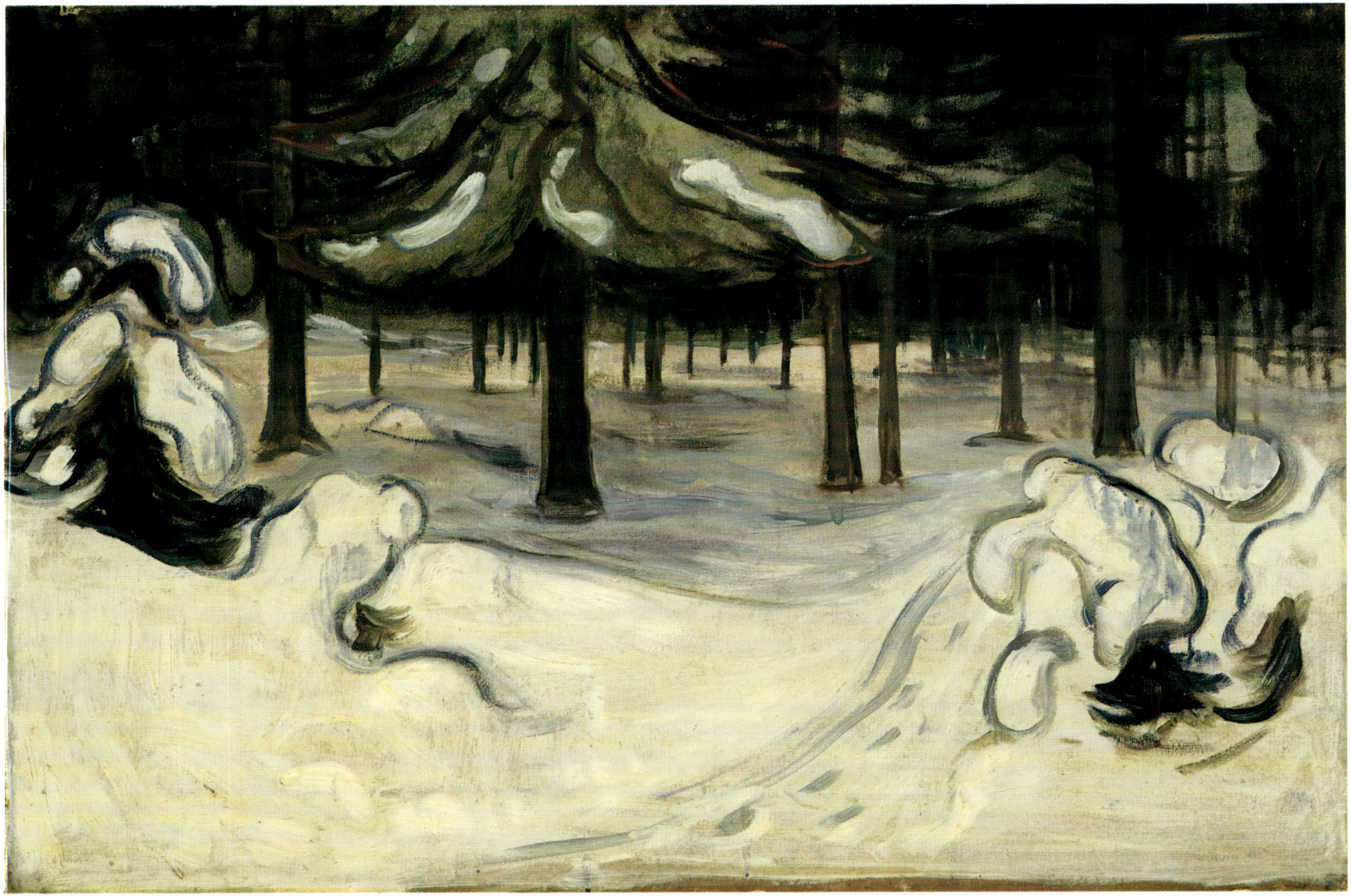

VINTER, 1899; 60,5 × 90 cm. Winter. L'hiver. Winter.

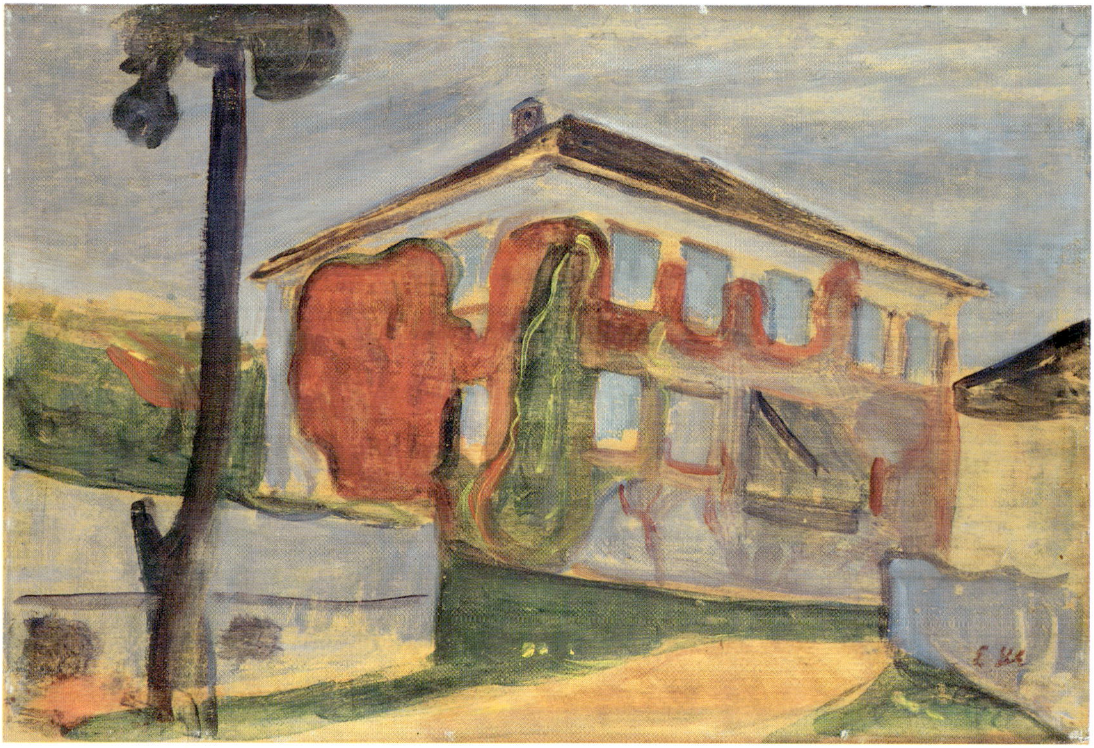

RØD VILLVIN, ca. 1900; 32,5 × 48 cm.
Red Virginia Creeper. Vigne-vierge rouge. Roter Wilder Wein.

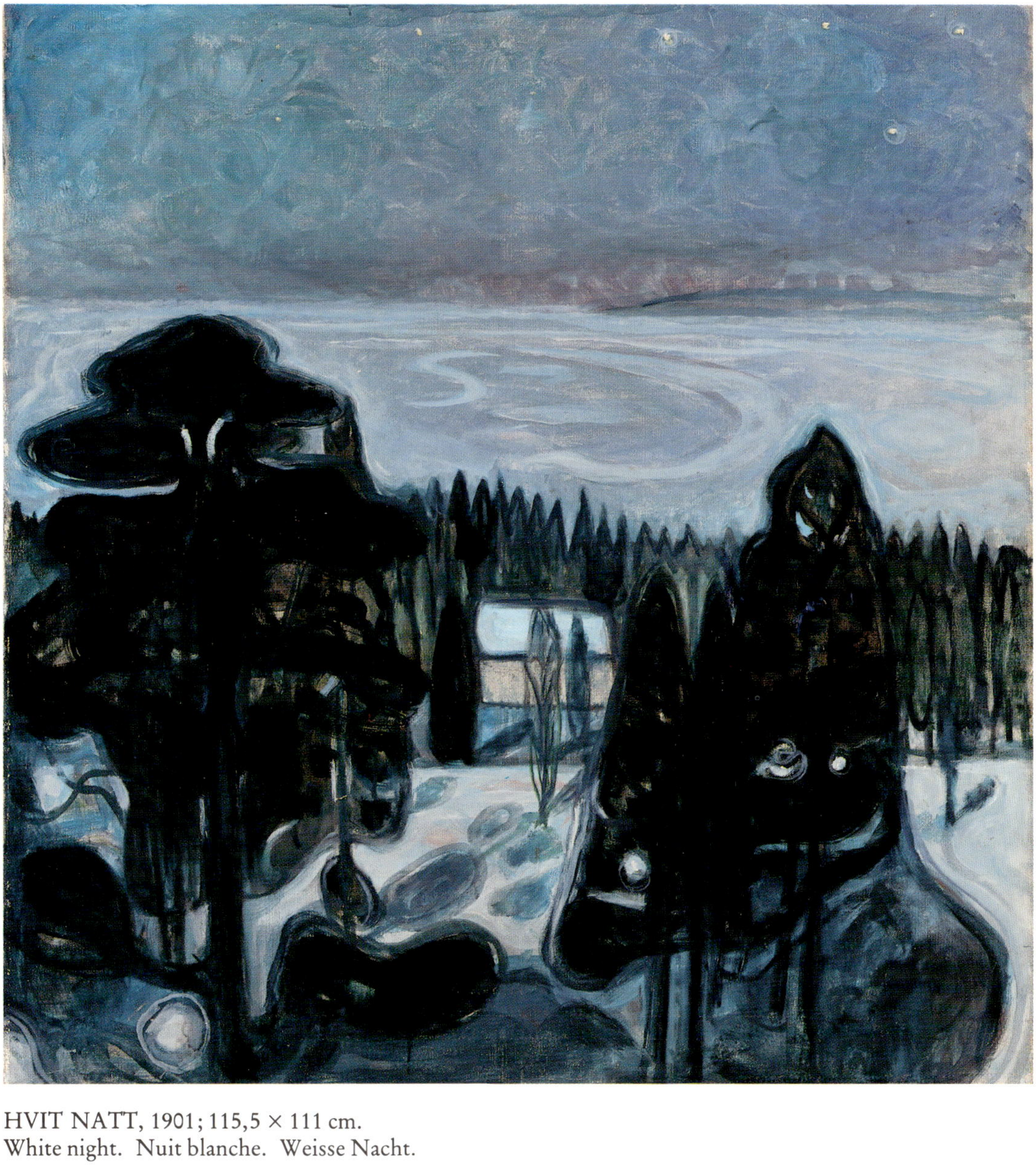

HVIT NATT, 1901; 115,5 × 111 cm.
White night. Nuit blanche. Weisse Nacht.

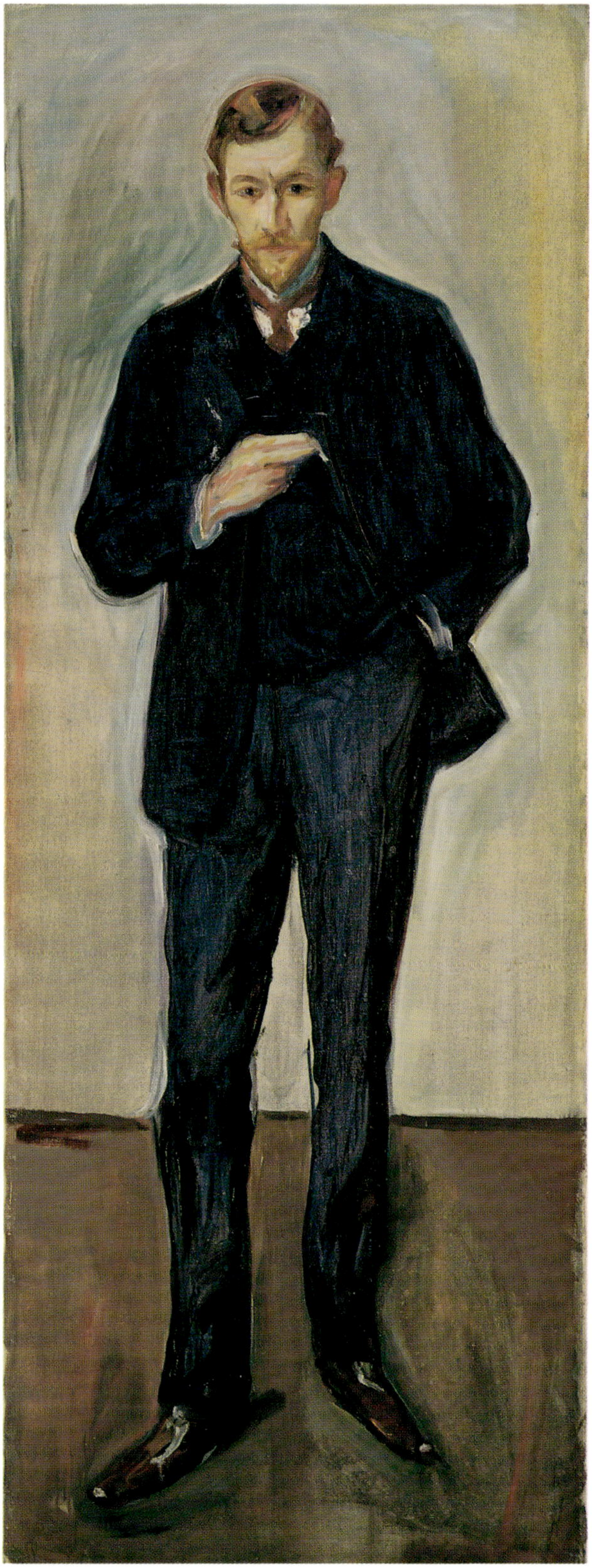

FRANSKMANNEN, 1901(?); 185 × 70 cm.
The Frenchman. Le Français. Der Franzose.

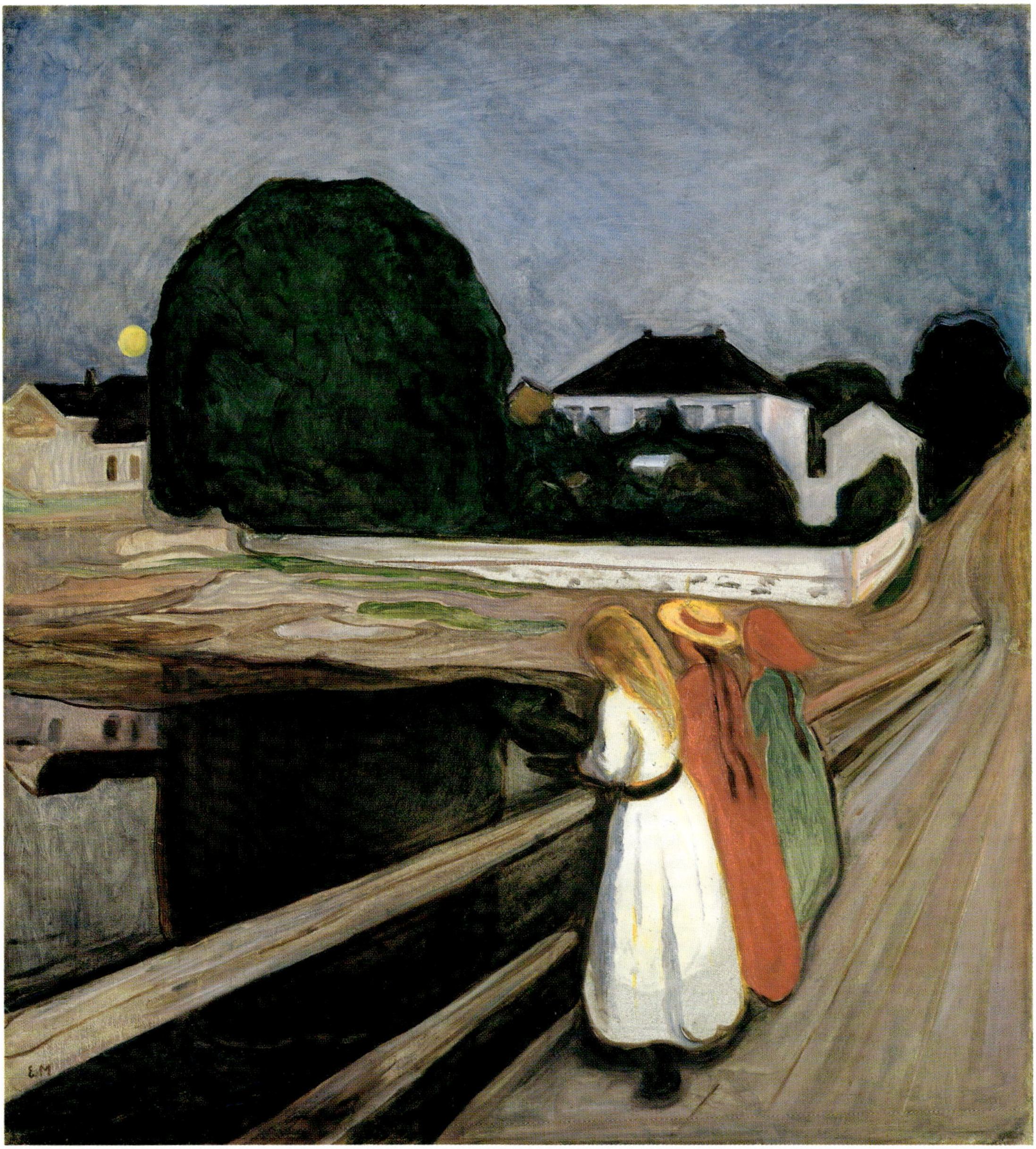

PIKENE PÅ BRYGGEN, ca. 1901; 136 × 125 cm.
The girls on the pier. Les jeunes filles sur le pont. Die Mädchen auf der Brücke.

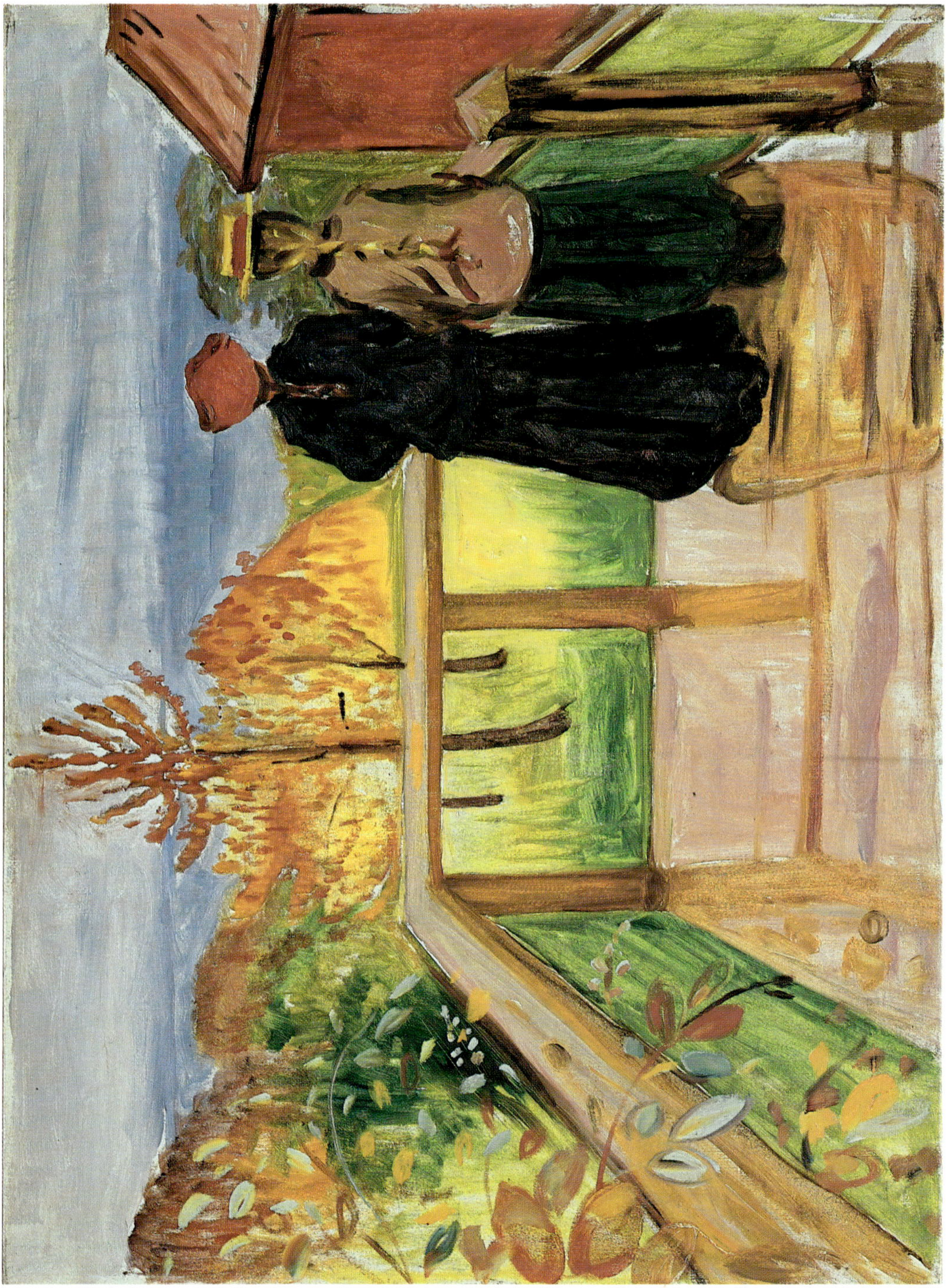

PÅ VERANDAEN, 1902; 86,5 × 115,5 cm. On the veranda. Sur la véranda. Auf der Veranda.

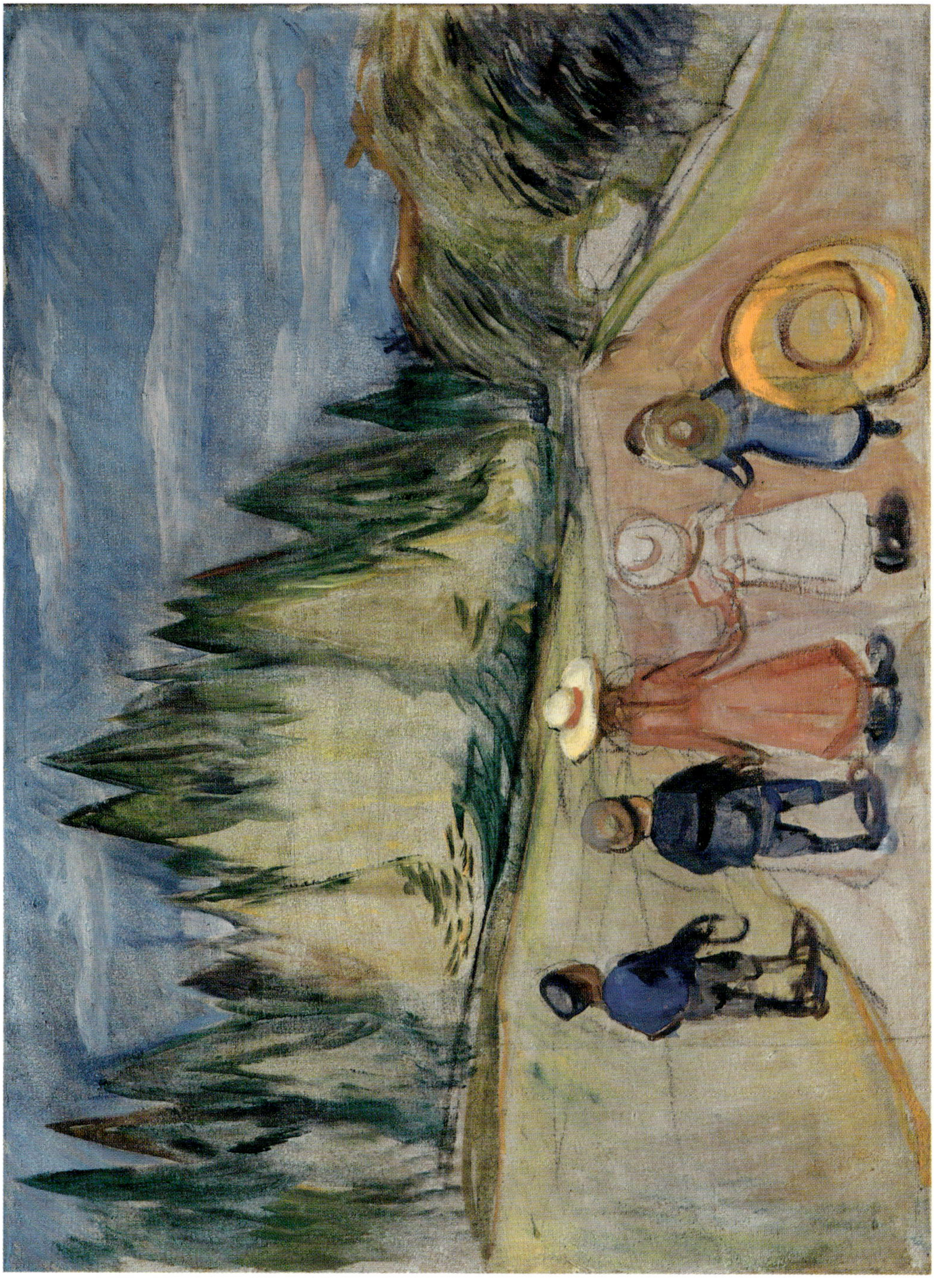

EVENTYRSKOGEN, ca. 1903; 79 × 106,5 cm. Enchanted forest. La forêt enchantée. Der Märchenwald.

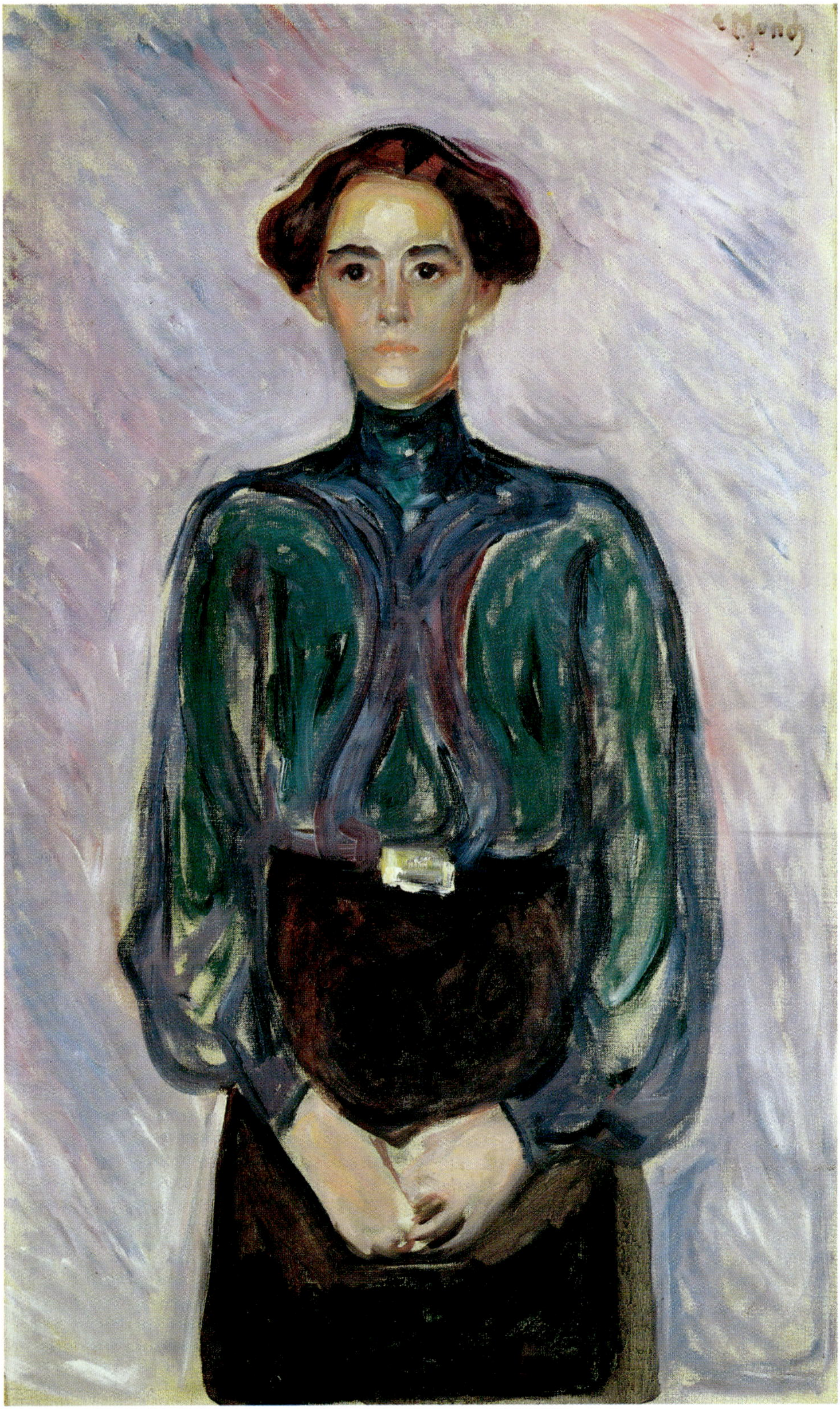

FRU SCHWARZ, 1905; 99,5 × 60,5 cm.
Mrs. Schwarz. Mme. Schwarz. Frau Schwarz.

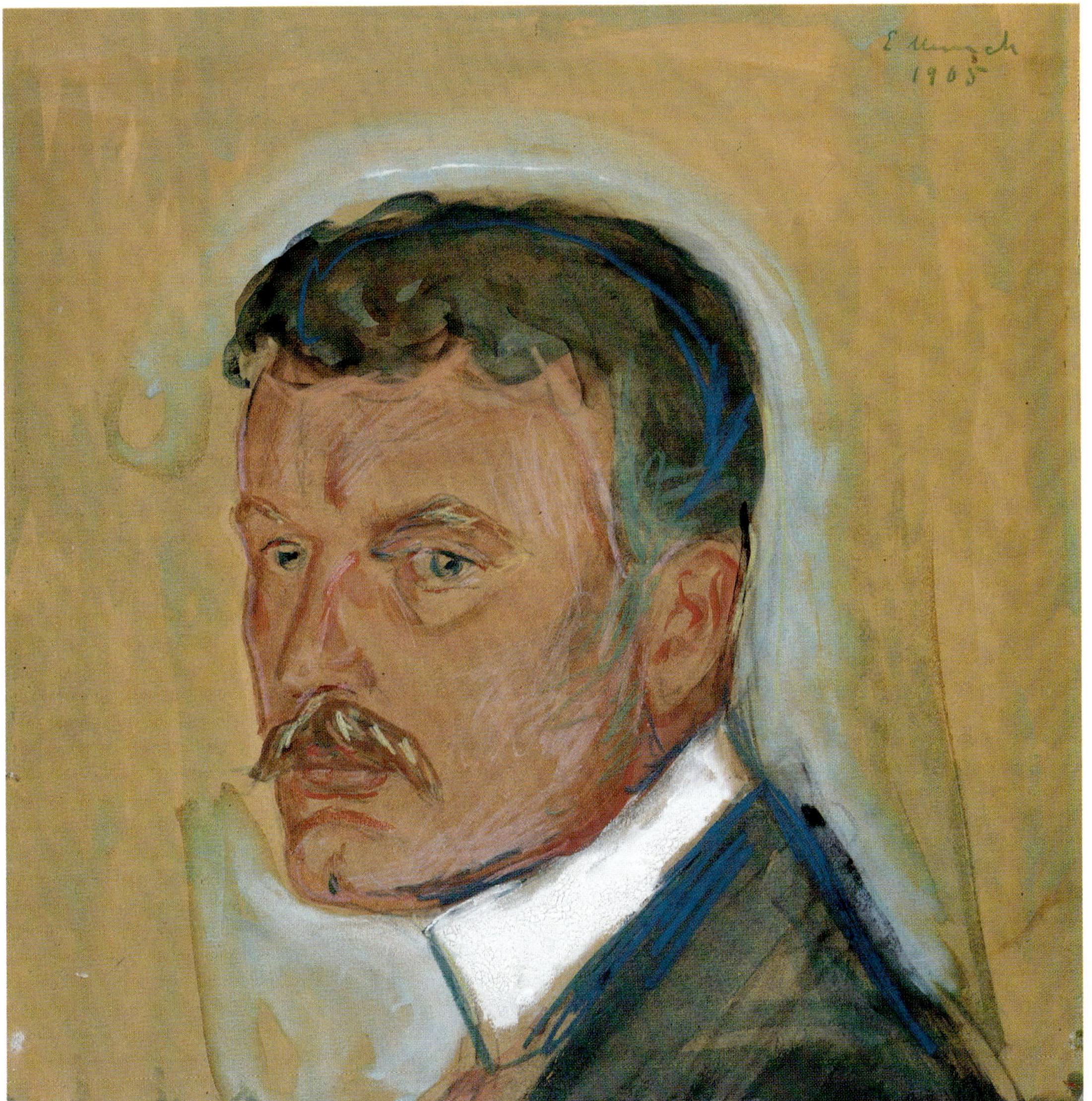

SELVPORTRETT, 1905; 44 × 41,5 cm.
Self-portrait. Autoportrait. Selbstbildnis.

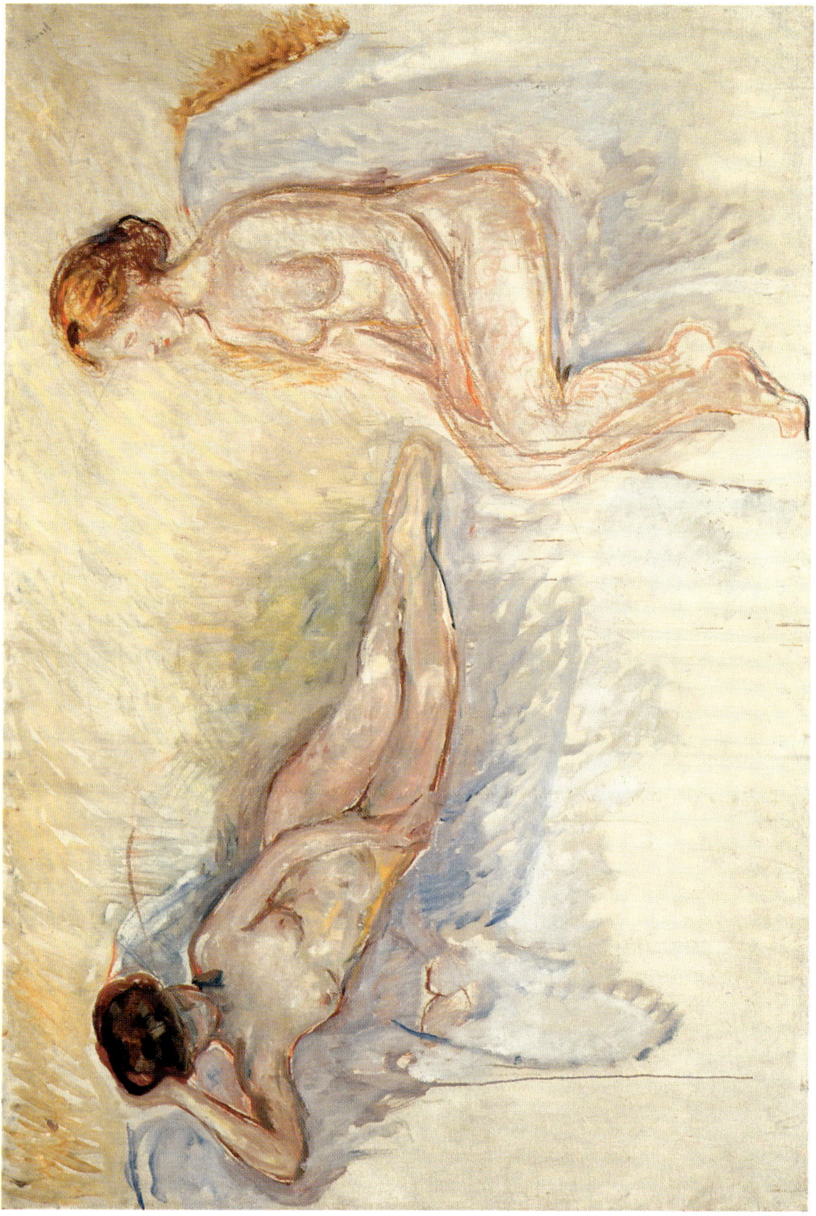

DOBBELTAKT, 1905; 110 × 161 cm. Two nudes. Deux nus. Zwei Akte.

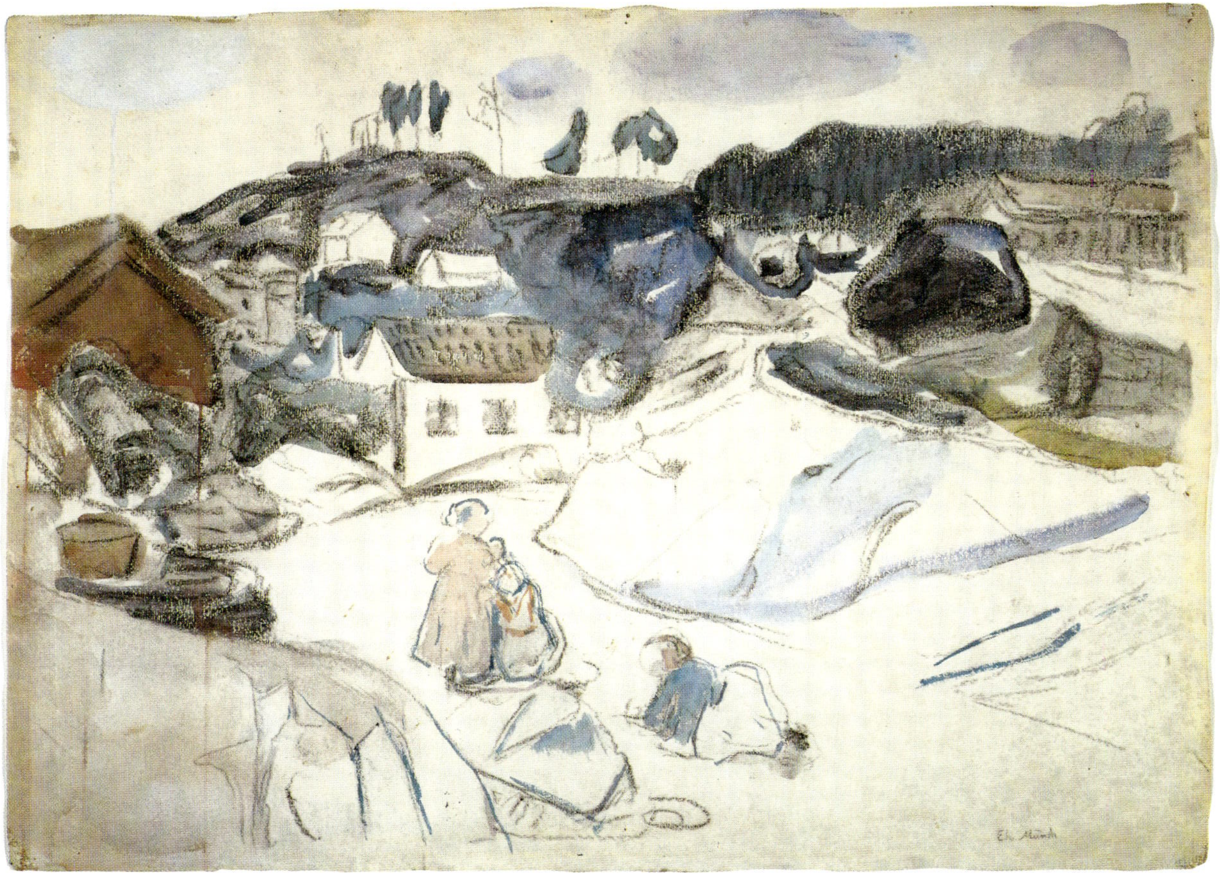

SMEDSBUKTEN, KRAGERØ, 1912–15; 471 × 643 mm.

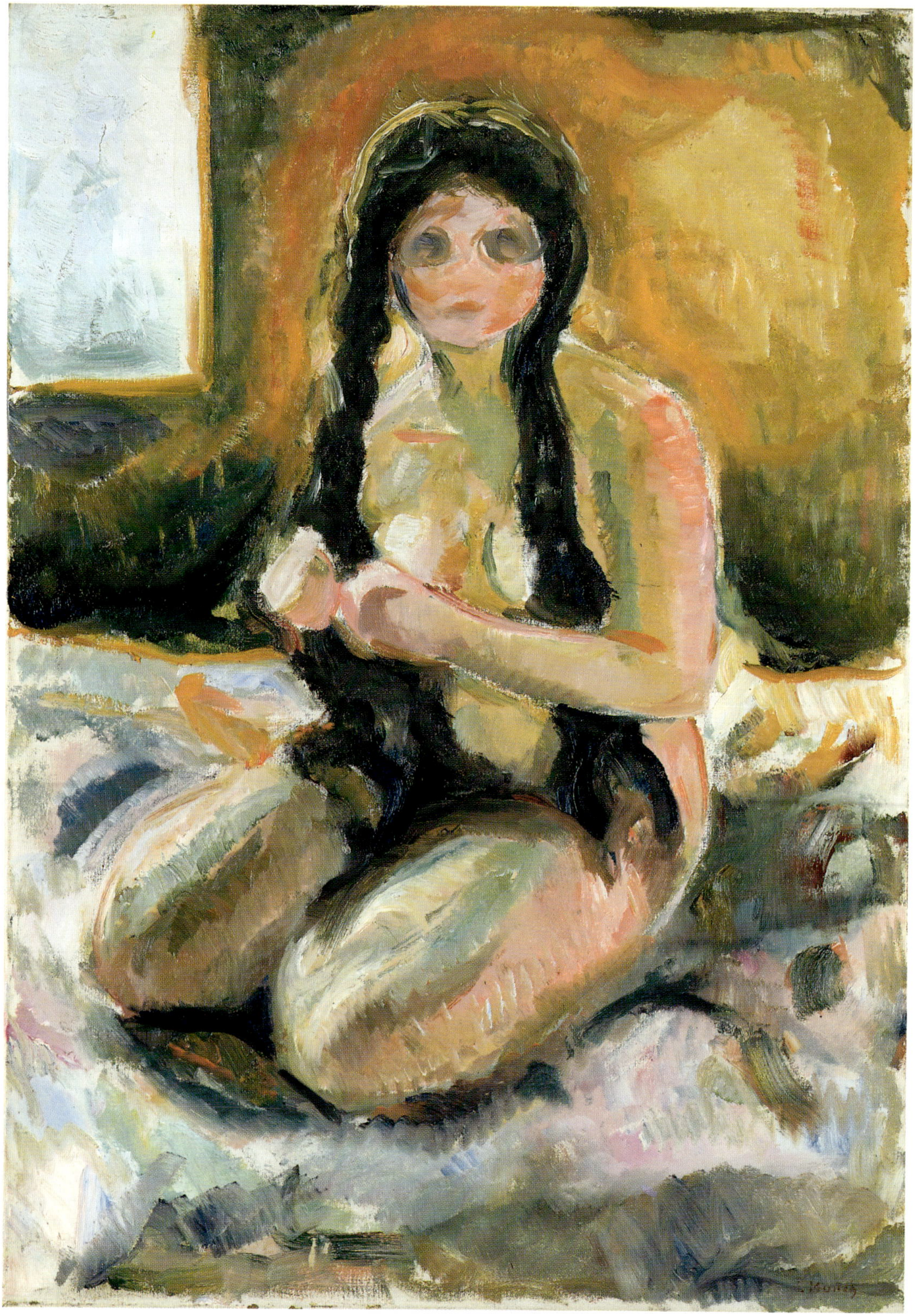

KNELENDE KVINNE, 1913; 102 × 72 cm.
Kneeling woman. Femme agenouillée. Kniender Akt.

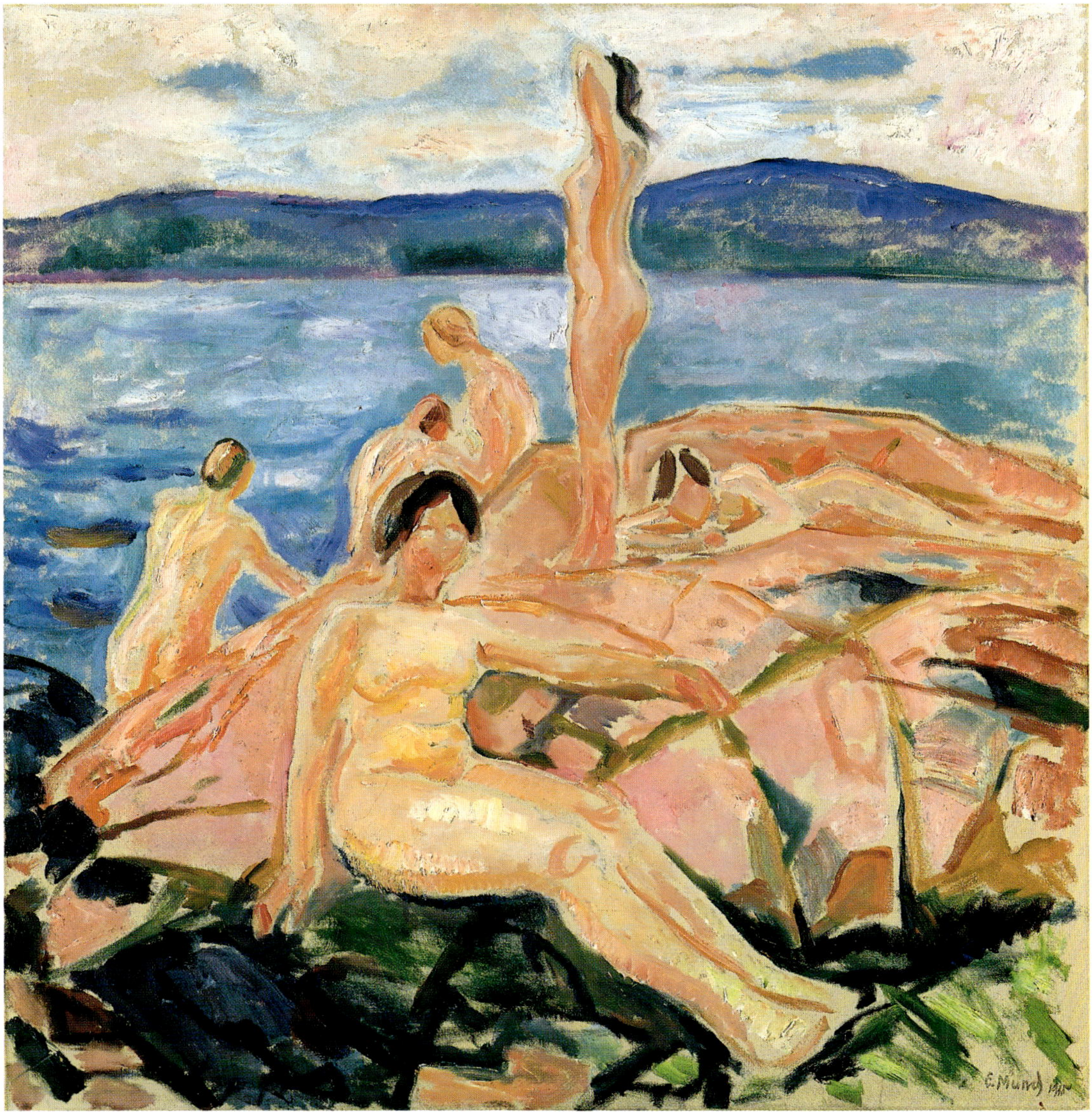

HØYSOMMER, 1915; 150,5 × 151 cm.
Full Summer. Plein été. Hochsommer.

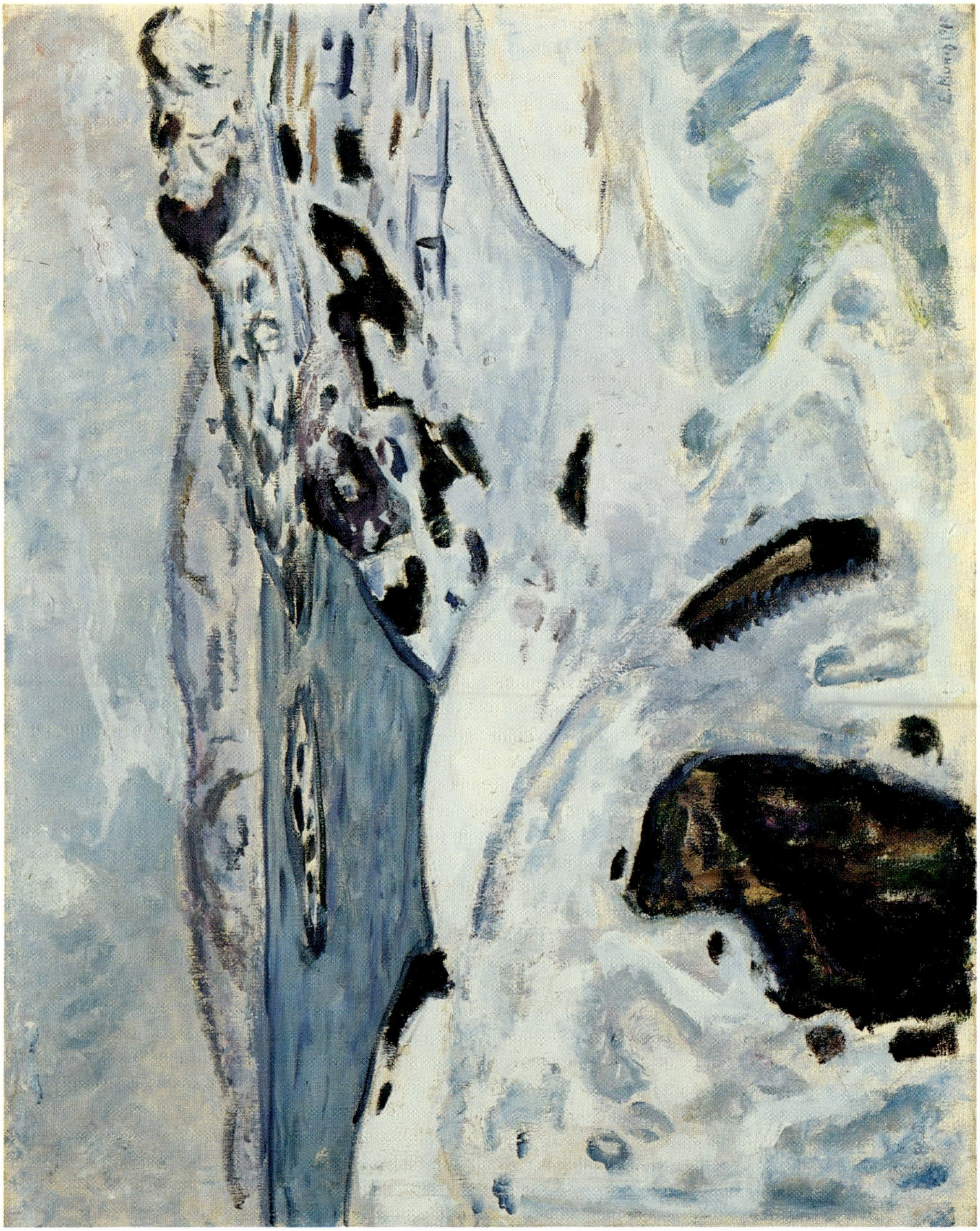

VINTER VED FJORDEN, 1915; 103 × 128 cm. Winter on the fiord. L'hiver sur le fiord. Winter am Fjord.

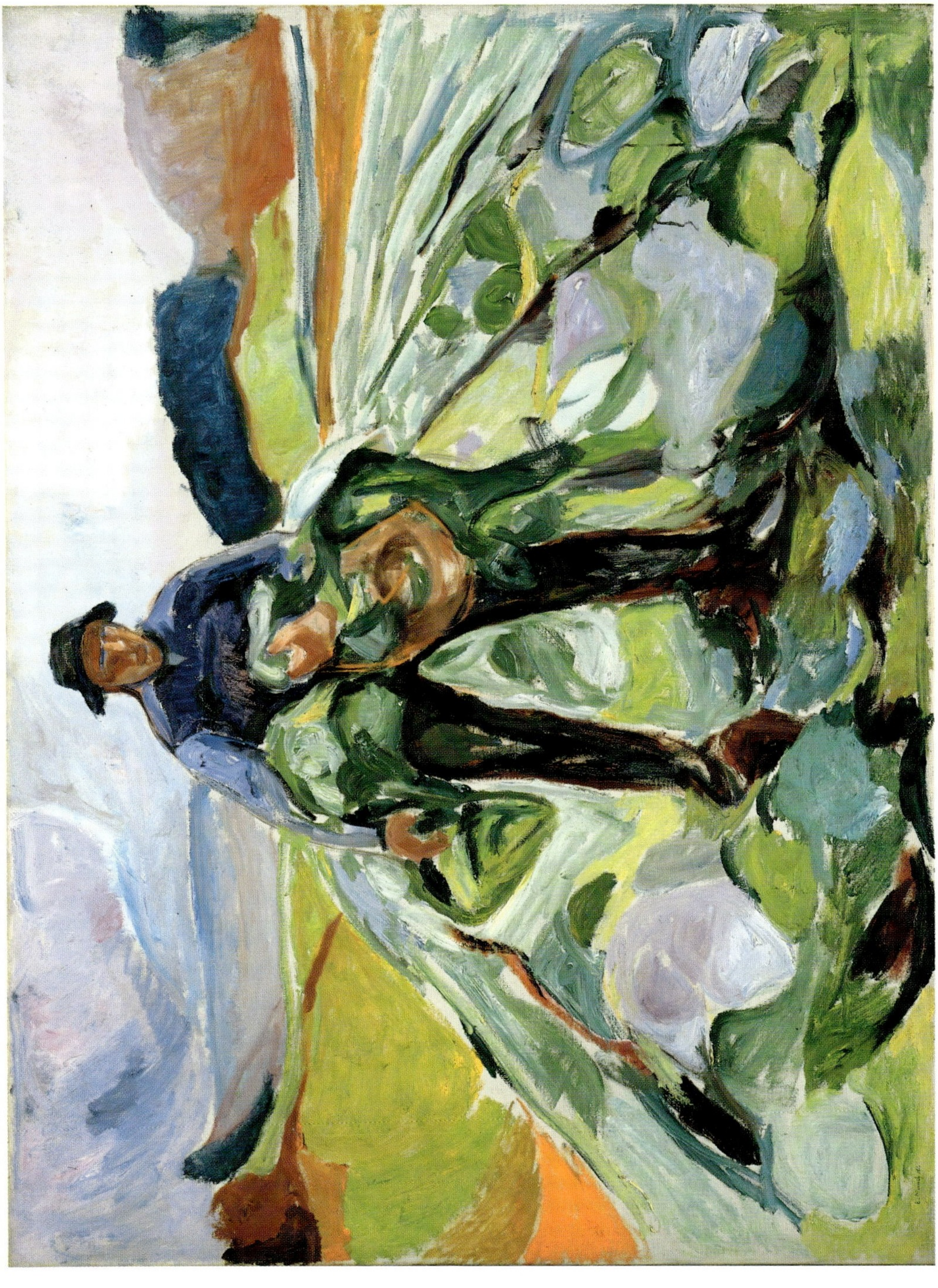

MANNEN I KÅLÅKEREN, 1916; 136 × 181 cm. Man in the cabbage-field. L'homme au champs. Mann im Kohlfeld.

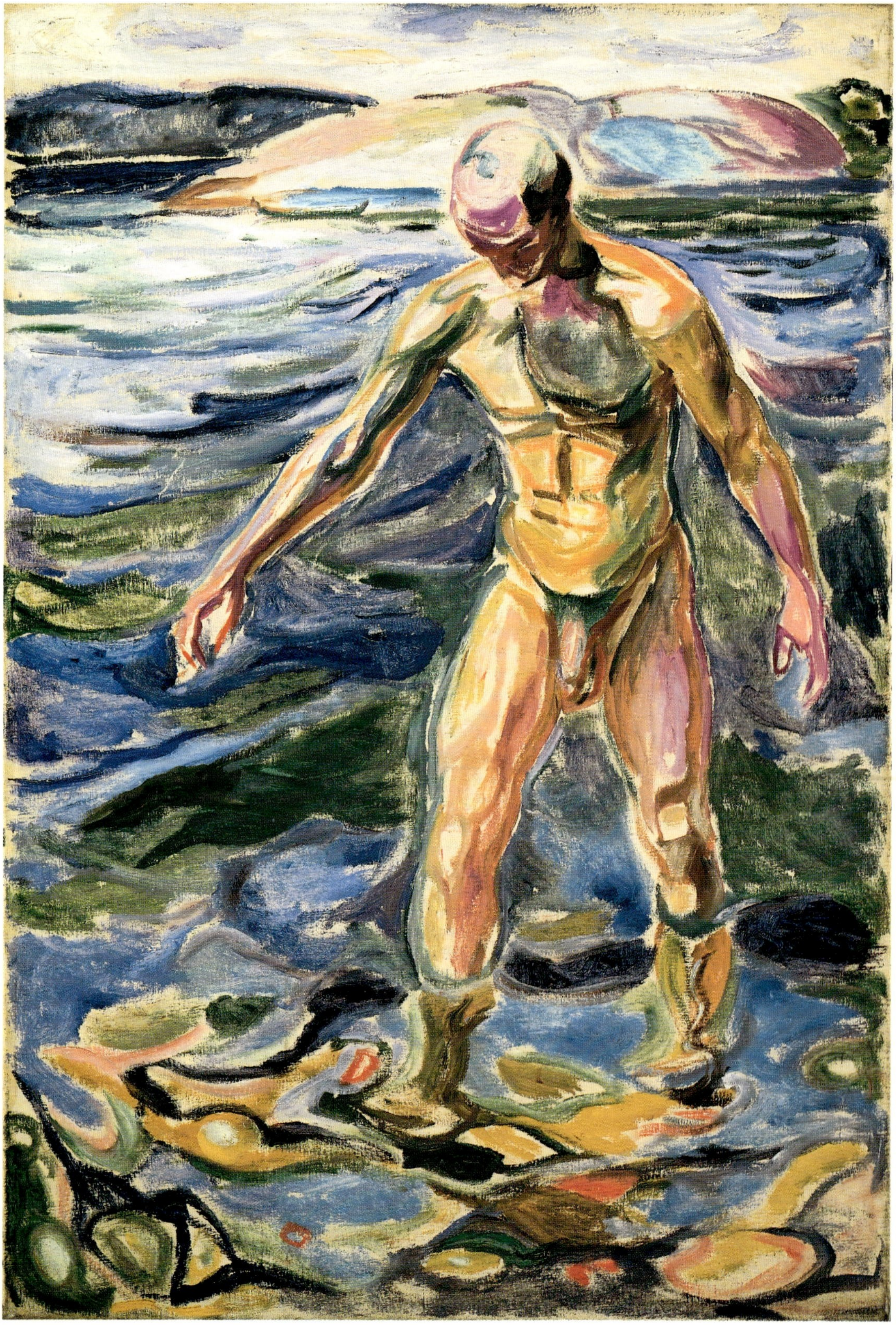

BADENDE MANN, 1918; 160 × 110 cm. Bathing man. Homme au bain. Badender Mann.

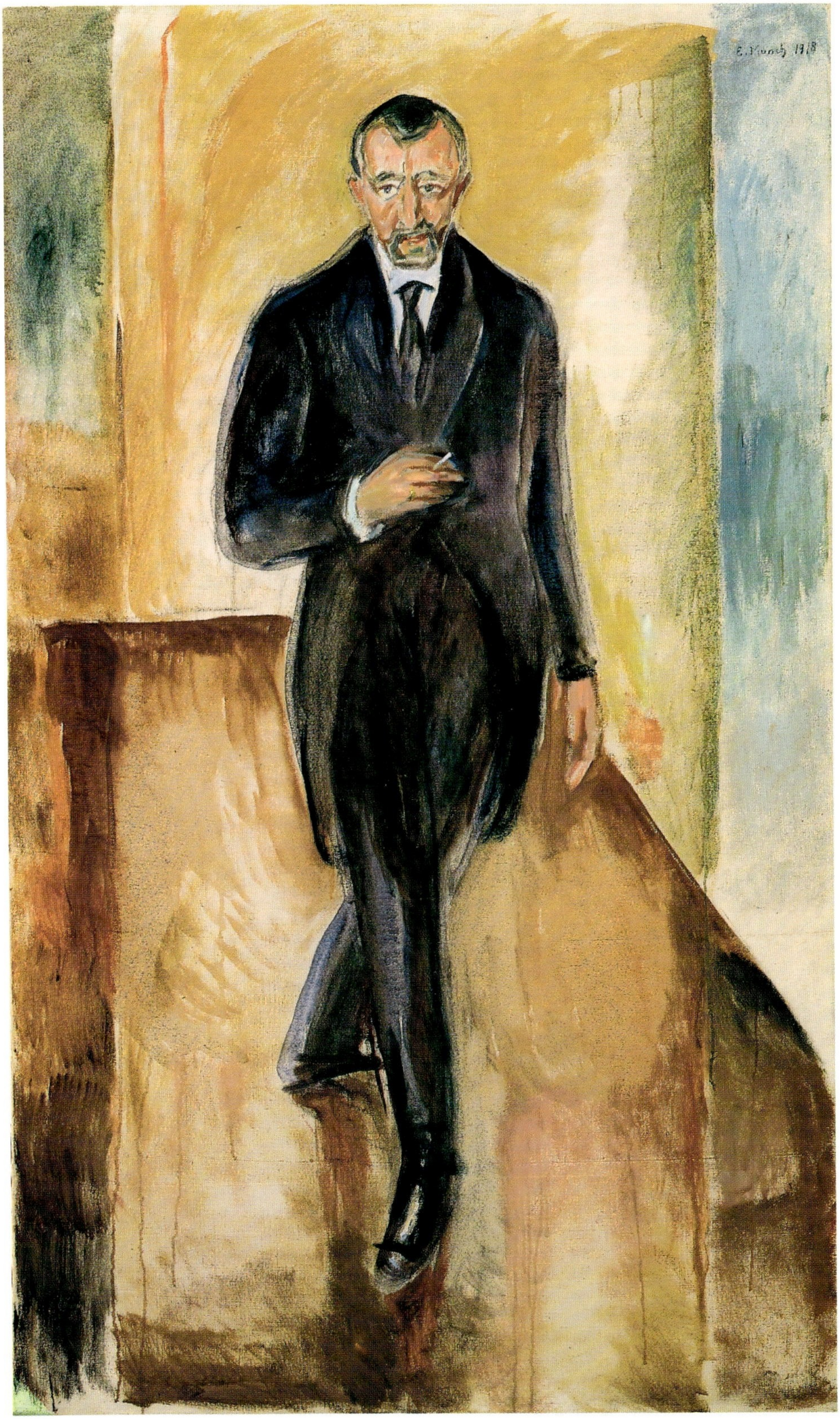

TORVALD LØCHEN, 1918; 200 × 120 cm.

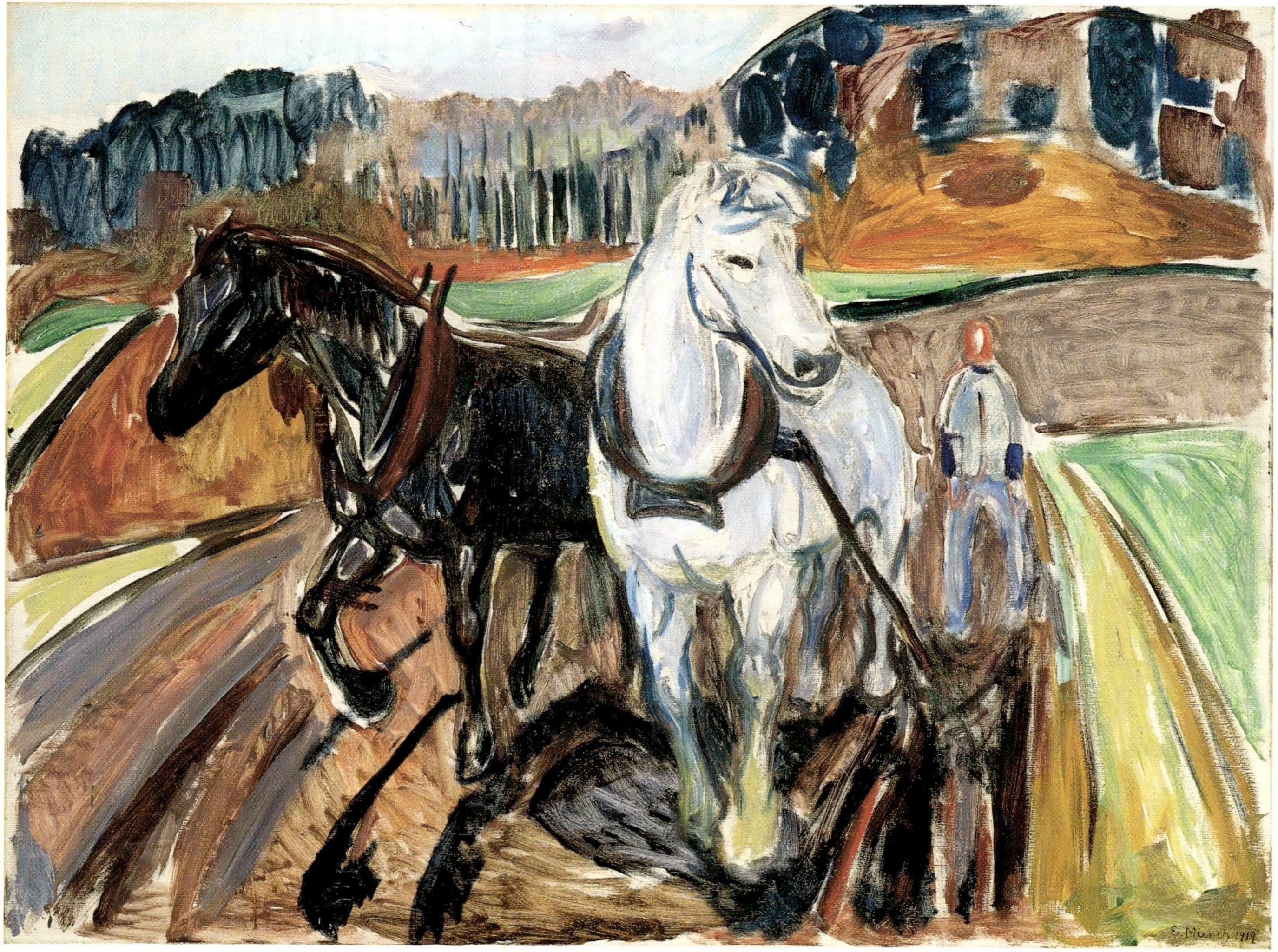

HESTESPANN, 1919; 110,5 × 145,5 cm. Horse team. L'attelage. Pferdegespann.

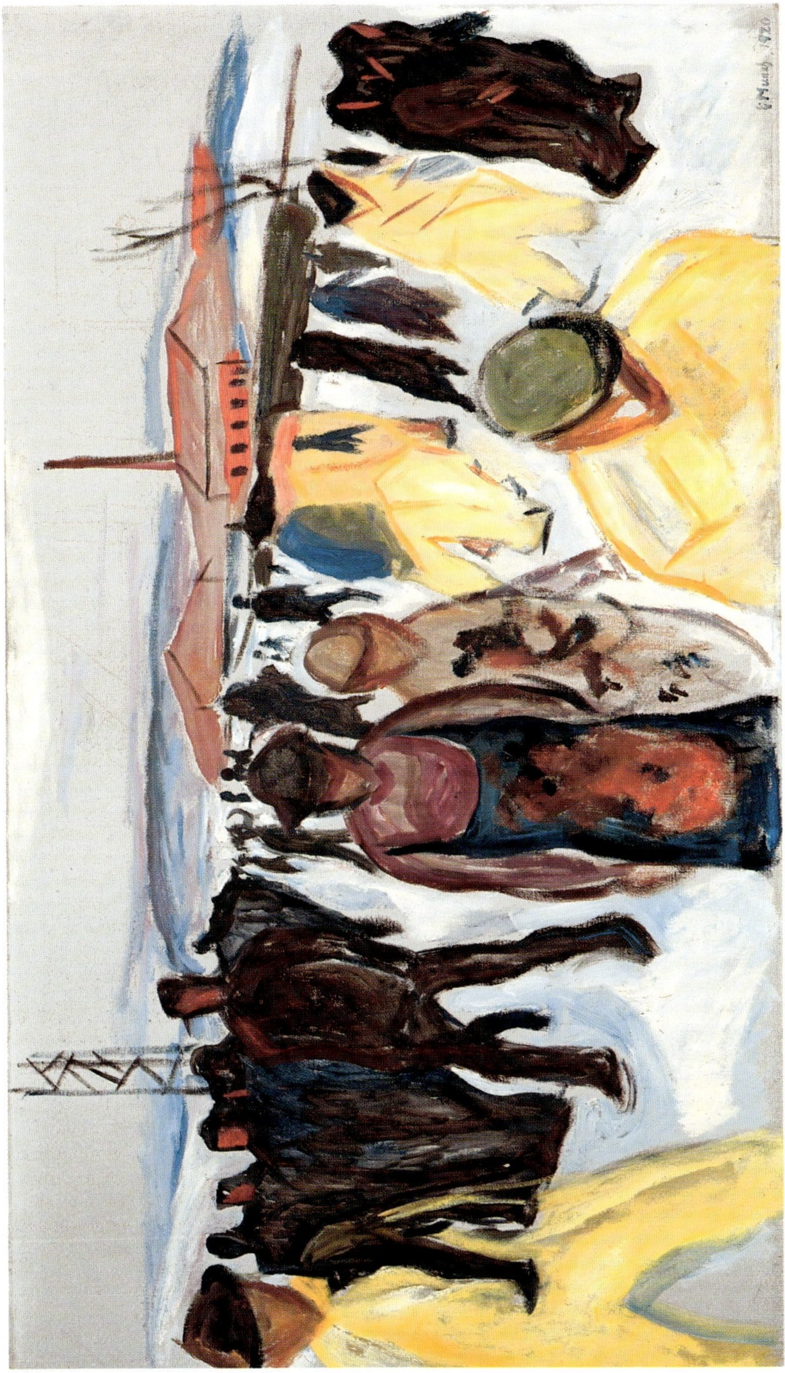

HJEMVENDENDE ARBEIDERE, 1920; 79,5 × 138,5 cm.
Workers returning home. Retour des ouvriers. Arbeiter auf dem Heimweg.

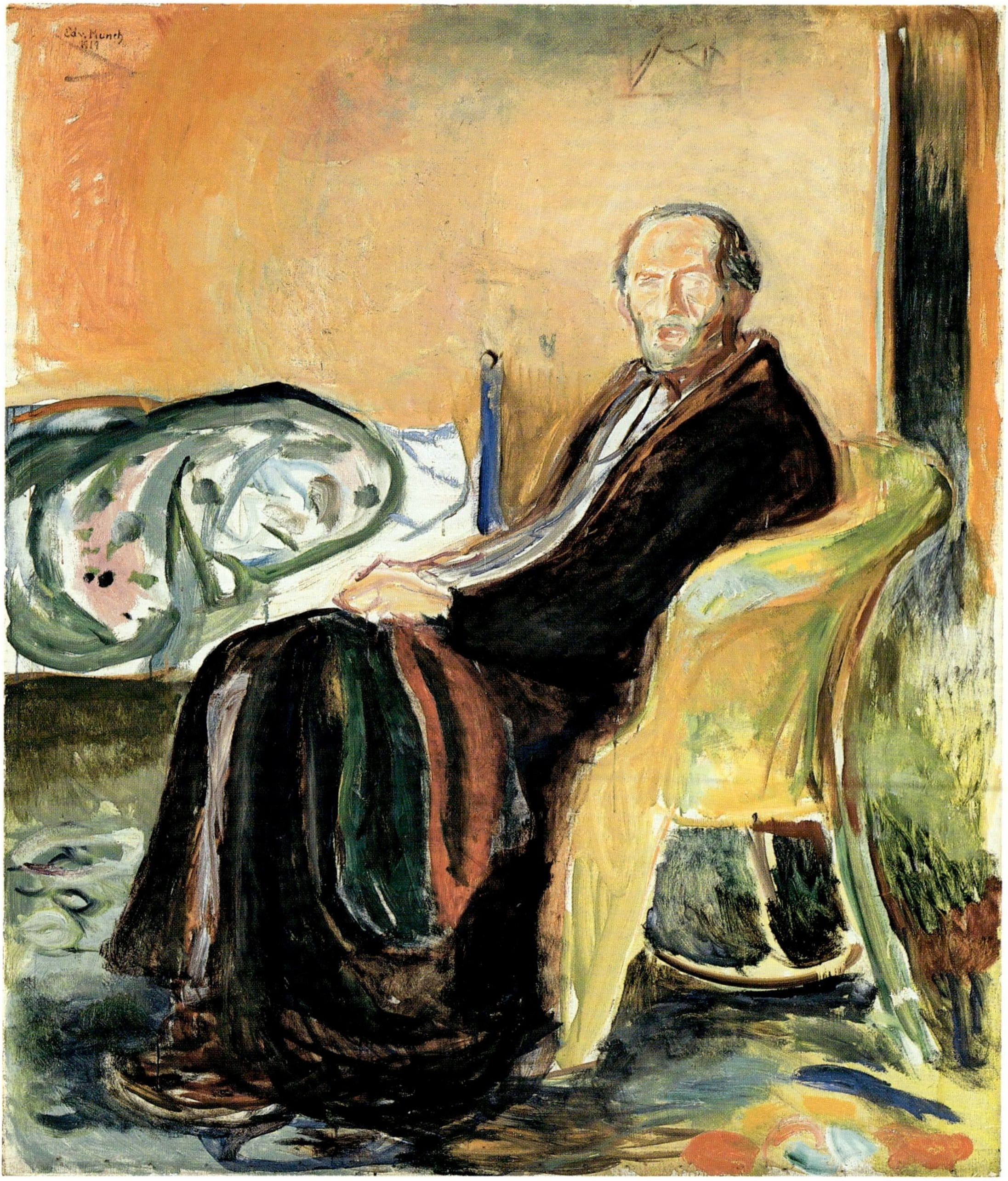

SELVPORTRETT, SPANSKESYKEN, 1919; 150,0 × 131 cm.
Self-portrait, Spanish influenza. Autoportrait, durant la grippe espagnole.
Selbstbildnis, die Spanische Grippe.

FORTEGNELSE
OVER EDVARD MUNCHS ARBEIDER
I NASJONALGALLERIET

1. FRA MARIDALEN, 1881 (ill. s. 4)
Sign. n.t.h.: E Munch. 13/5 81
20,5 × 30,5 cm. Olje på papir på papp. NG.inv.nr. 2242. Kjøpt 1958

2. MALEREN TH. TORGERSEN, ant. 1882 (ill. s. 55)
Sign. ø.t.h.: E Munch
36,5 × 28 cm. Olje på papp. NG.inv.nr. 1893. Kjøpt 1938

3. STUDIEHODE AV UNG PIKE, 1883 (ill. s. 56)
Sign. n.t.h.: E. Munch. 83
60,5 × 46,5 cm. Olje på lerret. NG.inv.nr. 2581. Kjøpt 1964

4. KUNSTNERENS BROR I INTERIØR, 1883 (ill. s. 57)
Sign. ø.t.h.: E. Munch
51,5 × 35,5 cm. Olje på papp. NG.inv.nr. 2810. Testamentarisk gave fra Charlotte og Christian Mustad 1959, innlemmet i samlingen 1970

5. KUNSTNERENS SØSTER INGER, 1884 (ill. s. 58)
Sign. ø.t.v.: E. Munch 84
97 × 67 cm. Olje på lerret. NG.inv.nr. 1862. Gave fra Charlotte og Christian Mustad 1937

6. KUNSTNERENS FAR OG SØSTER I INTERIØR, 1884/85 (ill. s. 62)
Sign. n.t.h.: E Munch
27 × 39,5 cm. Olje på tre. NG.inv.nr. 2811. Testamentarisk gave fra Charlotte og Christian Mustad 1959, innlemmet i samlingen 1970

7. MALEREN JØRGEN SØRENSEN, 1885 (ill. s. 59)
Sign. n.t.h.: E.M.
36 × 31 cm. Olje på lerret. NG.inv.nr. 472^{b}. Gave fra statsrevisor Sørensen 1895

8. DET SYKE BARN, 1885–86 (ill. s. 61)
Sign. n.t.h.: E Munch
120 × 118,5 cm. Olje på lerret. NG.inv.nr. 839. Annenutgaven av motivet, malt i Paris 1896 ble gitt til Nasjonalgalleriet av Olaf Schou i 1909. Ved et bytte i 1931 kom førsteutgaven fra 1885–86 til museet.

9. SELVPORTRETT, 1886 (ill. s. 60)
Sign. n.t.h.: E. Munch
33 × 24,5 cm. Olje på lerret. NG.inv.nr. 1915. Kjøpt 1938

10. BLOMSTERENG, VEIERLAND, 1887 (ill. s. 63)
Usign.
66,5 × 44 cm. Olje på papp. NG.inv.nr. 1235^{b}. Gave fra tollinspektør Woxen 1921

11. PORTRETTSTUDIE, 1887 (ill. s. 64)
Sign. n.t.h.: E.M. 87 (sign. kun synlig på røntgenfotografi)
25,5 × 29 cm. Olje på lerret. NG.inv.nr. 3054. Gave fra Olaf Schou 1909

12. FORFATTEREN HANS JÆGER, 1889 (ill. s. 65)
Sign. n.t.v.: E Munch 1889
109 × 84 cm. Olje på lerret. NG.inv.nr. 485. Kjøpt 1897

13. VÅR, 1889 (ill. s. 66 og 67)
Sign. n.t.h.: E. Munch 1889
169,5 × 263,4 cm. Olje på lerret. NG.inv.nr. 498. Kjøpt 1899

14. NATT I ST. CLOUD, 1890 (ill. s. 68)
Sign. n.t.h.: E Munch
64,5 × 54 cm. Olje på lerret. NG.inv.nr. 1111. Kjøpt 1917

15. RUE LAFAYETTE, 1891 (ill. s. 69)
Sign. n.t.h.: E. Munch 91
92 × 73 cm. Olje på lerret. NG.inv.nr. 1725. Kjøpt 1933

16. NATT I NIZZA, 1891 (ill. s. 70)
Usign.
48 × 54 cm. Olje på lerret. NG.inv.nr. 394. Kjøpt 1891

17. MÅNENATT I NIZZA, 1891 (ill. s. 71)
Sign. n.t.h.: E Munch
46 × 55 cm. Olje på lerret. NG.inv.nr. 842. Gave fra Olaf Schou 1909

18. KUNSTNERENS SØSTER INGER, 1892 (ill. s. 74)
Sign. n.t.v.: E. Munch 1892
172,5 × 122,5 cm. Olje på lerret på trefiberplate. NG.inv.nr. 499. Kjøpt 1899

19. KYSS, 1892 (ill. s. 72)
Sign. n.t.v.: E. Munch 1892
73 × 92 cm. Olje på lerret. NG.inv.nr. 2812. Testamentarisk gave fra Charlotte og Christian Mustad 1959, innlemmet i samlingen 1970

20. MELANKOLI, 1892 (ill. s. 73)
Sign. n.t.v.: E.M.
64 × 96 cm. Olje på lerret. NG.inv.nr. 2813. Testamentarisk gave fra Charlotte og Christian Mustad 1959, innlemmet i samlingen 1970

21. SKRIK, 1893 (ill. s. 76)
Sign. n.t.v.: E. Munch 1893
91 × 73,5 cm. Tempera og fettstift på papp. NG.inv.nr. 939. Gave fra Olaf Schou 1910

22. MÅNESKINN, 1893 (ill. s. 75)
Sign. n.t.h.: E. Munch
140,5 × 137 cm. Olje på lerret. NG.inv.nr. 1914. Kjøpt 1938

23. DØDEN I SYKEVÆRELSET, ant. 1893 (ill. s. 78)
Sign. n.t.v.: E. Munch.
152,5 × 169,5 cm. Tempera på lerret. NG.inv.nr. 940. Gave fra Olaf Schou 1910

24. ASKE, 1894 (ill. s. 79)
Sign. ø.t.h.: E. Munch
120,5 × 141 cm. Olje på lerret. NG.inv.nr. 809. Kjøpt 1909

25. FRU RAGNHILD BÄCKSTRÖM, ca. 1894 (ill. s. 83)
Sign. n.t.h.: E. Munch
87 × 70 cm. Pastell på lerret. NG.inv.nr. 2814. Testamentarisk gave fra Charlotte og Christian Mustad 1959, innlemmet i samlingen 1970

26. MADONNA, 1894–95 (ill. s. 77)
Sign. n.t.v.: E Munch
90 × 70,5 cm. Olje på lerret. NG.inv.nr. 841. Gave fra Olaf Schou 1909

27. DAGEN DERPÅ, 1894–95 (ill. s. 81)
Sign. n.t.v.: E. Munch
115 × 152 cm. Olje på lerret. NG.inv.nr. 808. Kjøpt 1909

28. PUBERTET, 1894–95 (ill. s. 80)
Sign. n.t.h.: E. Munch
151,5 × 110 cm. Olje på lerret. NG.inv.nr. 807. Kjøpt 1909

29. SELVPORTRETT MED SIGARETT, 1895 (ill. s. 82)
Sign. n.t.v.: E. Munch 1895
110,5 × 85,5 cm. Olje på lerret. NG.inv.nr. 470. Kjøpt 1895

30. MÅNESKINN, 1895 (ill. s. 84)
Sign. n.t.v.: E. Munch 95
93 × 110 cm. Olje på lerret. NG.inv.nr. 2815. Testamentarisk gave fra Charlotte og Christian Mustad 1959, innlemmet i samlingen 1970

31. JULIUS MEIER-GRAEFE, ant. 1895 (ill. s. 86)
Usign.
100 × 75 cm. Olje på lerret. NG.inv.nr. 995. Gave fra Julius Meier-Graefe 1912

32. BADENDE GUTTER, ca. 1895 (ill. s. 85)
Usign.
92 × 150 cm. Olje på lerret. NG.inv.nr. 1866. Gave fra Charlotte og Christian Mustad 1937

33. AASE NØRREGAARD, ant. 1895 (ill. s. 87)
Sign. n.t.h.: E. Munch
131 × 109 cm. Olje på lerret. NG.inv.nr. 1793. Gave fra høyesterettsadvokat Harald Nørregaard 1935

34. PARISERMODELL, 1896 (ill. s. 89)
Sign. ø.t.v.: E. Munch; n.t.v.: E.M.
80 × 60 cm. Olje på lerret. NG.inv.nr. 2816. Testamentarisk gave fra Charlotte og Christian Mustad 1959, innlemmet i samlingen 1970

35. PIKE SOM VASKER SEG, 1896 (ill. s. 88)
Usign.
74,5 × 59 cm. Olje på tre. NG.inv.nr. 843. Gave fra Olaf Schou 1909

36. MOR OG DATTER, ant. 1897 (ill. s. 90)
Usign.
135 × 163 cm. Olje på lerret. NG.inv.nr. 840. Gave fra Olaf Schou 1909

37. VINTER, 1899 (ill. s. 93)
Usign.
60,5 × 90 cm. Olje på papp. NG.inv.nr. 570. Kjøpt 1901

38. AASE OG HARALD NØRREGAARD, 1899 (ill. s. 92)
Sign. n.t.v.: E. Munch 1899
49,5 × 75 cm. Olje på papp. NG.inv.nr. 1794. Gave fra høyesterettsadvokat Harald Nørregaard 1935

39. LIVETS DANS, 1899–1900 (ill. s. 91)
Sign. n.t.v.: E. Munch 99; ø.t.h.: E. Munch 1900
125 × 191 cm. Olje på lerret. NG.inv.nr. 941. Gave fra Olaf Schou 1910

40. RØD VILLVIN, ca. 1900 (ill. s. 94)
Sign. n.t.h.: E M
32,5 × 48 cm. Olje på tre. NG.inv.nr. 1894. Kjøpt 1938

41. HVIT NATT, 1901 (ill. s. 95)
Usign.
115,5 × 111 cm. Olje på lerret. NG.inv.nr. 581. Kjøpt 1901

42. FRANSKMANNEN, 1901(?) (ill. s. 96)
Usign.
185 × 70 cm. Olje på lerret. NG.inv.nr. 811. Kjøpt 1909

43. PIKENE PÅ BRYGGEN, ca. 1901 (ill. s. 97)
Sign. n.t.v.: E.M
136 × 125 cm. Olje på lerret. NG.inv.nr. 844. Gave fra Olaf Schou 1909

44. PÅ VERANDAEN, 1902 (ill. s. 98)
Usign.
86,5 × 115,5 cm. Olje på lerret. NG.inv.nr. 810. Kjøpt 1909

45. EVENTYRSKOGEN, ca. 1903 (ill. s. 99)
Sign. n.t.h.: Edv. Munch
79 × 106,5 cm. Olje på lerret. NG.inv.nr. 2237. Gave fra grosserer Alfred Larsen 1950

46. SELVPORTRETT, 1905 (ill. s. 101)
Sign. ø.t.h.: E. Munch 1905
44 × 41,5 cm. Akvarell og pastell på papp. NG.inv.nr. 1229. Kjøpt 1921

47. FRU SCHWARTZ, 1905 (ill. s. 100)
Sign. ø.t.h.: E. Munch
99,5 × 60,5 cm. Olje på lerret. NG.inv.nr. 2817. Testamentarisk gave fra Charlotte og Christian Mustad 1959, innlemmet i samlingen 1970

48. DOBBELTAKT, 1905 (ill. s. 102)
Sign. ø.t.h.: E. Munch
110 × 161 cm. Olje på lerret. NG.inv.nr. 1868. Gave fra Charlotte og Christian Mustad 1937

49. SMEDSBUKTEN, KRAGERØ, 1912–15 (ill. s. 103)
Sign. n.t.h.: Edv. Munch
471 × 634 mm. Akvarell og kull på papir. NG.inv.nr. B 8186. Kjøpt 1967

50. KNELENDE KVINNE, 1913 (ill. s. 104)
Sign. n.t.h.: E. Munch
102 × 72 cm. Olje på lerret. NG.inv.nr. 2818. Testamentarisk gave fra Charlotte og Christian Mustad 1959, innlemmet i samlingen 1970

51. HØYSOMMER, 1915 (ill. s. 105)
Sign. n.t.h.: E. Munch 1915
150,5 × 151 cm. Olje på lerret. NG.inv.nr. 1159. Gave fra Olaf Schou 1915

52. VINTER VED FJORDEN, 1915 (ill. s. 106)
Sign. n.t.h.: E. Munch 1915
103 × 128 cm. Olje på lerret. NG.inv.nr. 1864. Gave fra Charlotte og Christian Mustad 1937

53. MANNEN I KÅLÅKEREN, 1916 (ill. s. 107)
Sign. n.t.v.: E. Munch 1916
136 × 180 cm. Olje på lerret. NG.inv.nr. 1865. Gave fra Charlotte og Christian Mustad 1937

54. BADENDE MANN, 1918 (ill. s. 108)
Usign.
160 × 110 cm. Olje på lerret. NG.inv.nr. 1699. Gave fra kunstneren 1927

55. FYLKESMANN TORVALD LØCHEN, 1918 (ill. s. 109)
Sign. ø.t.h.: E. Munch 1918
200 × 120 cm. Olje på lerret. NG.inv.nr. 2080. Testamentarisk gave fra T. Løchen og frue 1946

56. HESTESPANN, 1919 (ill. s. 110)
Sign. n.t.h.: E. Munch 1919
110,5 × 145,5 cm. Olje på lerret. NG.inv.nr. 1863. Gave fra Charlotte og Christian Mustad 1937

57. SELVPORTRETT, SPANSKESYKEN, 1919 (ill. s. 112)
Sign. ø.t.v.: Edv. Munch 1919
150 × 131 cm. Olje på lerret. NG.inv.nr. 1867. Gave fra Charlotte og Christian Mustad 1937

58. HJEMVENDENDE ARBEIDERE, 1920 (ill. s. 111)
Sign. n.t.h.: E. Munch 1920
79,5 × 138,5 cm. Olje på lerret. NG.inv.nr. 2819. Testamentarisk gave fra Charlotte og Christian Mustad 1959, innlemmet i samlingen 1970